践行核心素养的教育行者

谭晓春　著

世界图书出版公司

图书在版编目（CIP）数据

践行核心素养的教育行者 / 谭晓春著 . -- 北京：
世界图书出版公司 , 2018.8
　ISBN 978-7-5192-5017-1

　Ⅰ . ①践… Ⅱ . ①谭… Ⅲ . ①中学物理课－课堂教学
－教学研究 Ⅳ . ① G633.72

中国版本图书馆 CIP 数据核字 (2018) 第 180818 号

书　　　　名	践行核心素养的教育行者
（汉语拼音）	JIANXING HEXIN SUYANG DE JIAOYU XINGZHE
著　　　　者	谭晓春
总　策　划	吴　迪
责 任 编 辑	韩劲松
装 帧 设 计	刘　陶
出 版 发 行	世界图书出版公司长春有限公司
地　　　　址	吉林省长春市春城大街 789 号
邮　　　　编	130062
电　　　　话	0431-86805551（发行）　0431-86805562（编辑）
网　　　　址	http://www.wpcdb.com.cn
邮　　　　箱	DBSJ@163.com
经　　　　销	各地新华书店
印　　　　刷	长春鑫海印务有限公司
开　　　　本	787 mm × 1092 mm　1/16
印　　　　张	13.75
字　　　　数	226 千字
印　　　　数	1—3 000
版　　　　次	2018 年 8 月第 1 版　2018 年 8 月第 1 次印刷
国 际 书 号	ISBN 978-7-5192-5017-1
定　　　　价	45.00 元

丛 书 序

长春教坛，群星璀璨。

《中国教育专家领航系列丛书》的推出，正值全国上下深入学习贯彻党的十九大精神、习近平新时代中国特色社会主义思想之际，打造教育家型教师是办好人民满意教育的一项重要举措；《中国教育专家领航系列丛书》的推出，是对优先发展教育事业、人才先行的有力诠释；《中国教育专家领航系列丛书》的推出，为长春教育在建设东北亚区域性教育中心的征途上添上了浓墨重彩的一笔。

所谓大学者，非谓有大楼之谓也，有大师之谓也。教育事业的发展离不开一批德才兼备的优秀教师，专家型教师是教育事业改革与创新的不竭动力，是教育攻坚的核心力量，是培养造就高端教育人才的重要保障。多年来，长春市把全面加强教师队伍建设作为一项重大政治任务和根本性民生工程切实抓紧抓好，遵循教师培养规律，十分重视专家型教师的打造。《中国教育专家领航系列丛书》选取了在长春教育一线工作，有教育情怀、有教育思想、有教育业绩，在全国有较大影响力的专家型教师，系统地诠释他们的教育主张、教学风格、教育智慧以及在教育教学中的学术成果，旨在宣传教育家型教师事迹，反映教育家型教师成长，推广教育家型教师经验，进而感召广大教师，引领其专业成长，推动教育事业的发展。

期望教育家型教师成长的轨迹能唤起更多的一线教师在教育教学实践中感受教育教学的精髓，养成探索的思想态势和创新的精神境界，希望本丛书能为中国教师领跑，为中国教育领航。

唯愿，一树花开满庭芳。

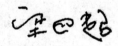

2018 年 5 月

前 言

我的教育教学主张

> "知之者不如好之者，好之者不如乐之者"
>
> ——孔子

我的教育主张——"快乐教育"

近些年我国有很多学校在践行快乐教育。但我感到很多人没有领会"快乐教育"的真谛，把"快乐教育"做成了"娱乐教育"。

要想践行"快乐教育"，首先就要明确什么是"快乐"。《辞海》有解，"快乐"，出自汉焦赣《易林·乾之履》："富饶丰衍，快乐无已"。"快乐"是指人们在感受外部事物带给内心的愉悦、安详、平和、满足的心理状态；"快乐"是当一个人在追求目标时达成的理想状态和内心喜悦的激情；"快乐"是一个人对自己美好生活的一次又一次的满足；"快乐"是一种持续的状态。

"快乐教育"最早是英国的著名教育家斯宾塞在十九世纪提出来的，他认为世界上最好的教育在本质上都是快乐的。"快乐教育"的提出是希望提高学生的整体素质，并教会大家通过改善心态来获取快乐。"快乐教育"与任何一种教育方法一样，终极目标都是使人获得相对成功，因为只有成功才能让人感受到快乐，因此，帮助孩子获得相对成功是"快乐教育"的一项重要内容。

我们应该怎样践行"快乐教育"？既然"快乐"是人的内心世界对外部事物的一种客观反映，那么"快乐教育"就应该从物质和精神两个层面来实施，不仅要改变客观世界的物质条件，改变育人的环境，育人的方法，更要改变学生的精神世界，要践行"快乐教育"我认为应从以下几方面抓起：

1."快乐教育"就是要培养学生快乐的心态。

2."快乐教育"就是要培养学生正确的人生观、幸福观、苦乐观。

3."快乐教育"来源于家庭，要做好家长培训。

4."快乐教育"要求创设快乐教育环境，营造快乐教育的氛围，提供快乐教育的条件，让学生每天都感受着快乐，在快乐的氛围中实施教育，在快乐教育中健康成长。

5.做"快乐教育"要"不迁就现状，不脱离现实，做一个理想的现实主义者"。

教育者只要能理解：快乐教育是因材施教的教育；快乐教育是适应的教育；快乐教育是自主的教育；快乐教育是尊重的教育；快乐教育是成功的教育；快乐教育是满足的教育；快乐教育是需要的教育；快乐教育是成材的教育；快乐教育是健康的教育；快乐教育是教师乐教的教育；快乐教育是学生乐学的教育。快乐教育要有娱乐，但快乐教育不是娱乐教育。快乐教育是在目标引领下，靠内驱力驱动的教育。你就一定能践行好"快乐教育"。"快乐教育"就是教人们通过改善心态来获取快乐、体会快乐、提高生活质量的一种方式。

我的教学主张——"从物理教学走向物理教育"（趣、情、美的本源教学）

着眼于学生的终身发展，努力使学生在物理课程中，感受到物理学的学科思想和学科魅力，摒弃了传统教学中的灌输教学模式，变被动的教为自主的学。

追求本源教学，就是要回归教学源头，探寻教学的真谛。如雅斯贝尔斯的所言"教育是人的灵魂的教育，而非理智知识和认识的堆积"。用苏格拉底的话说：教育不是灌输知识，而是点燃火焰，是把内心勾引出来的工具和方法，而这种点燃就是培养兴趣。

激趣，如爱因斯坦说："兴趣是最好的老师"，兴趣是学习的情感动力，是求知欲的源泉。如孔子所云："知之者不如好之者，好之者不如乐之者。"成功的教学就是激发学生的兴趣。激发学生的学习兴趣，是创造欢乐、愉快的课堂教学环境的主要途径之一，教学就是要"不愤不启，不悱不发"。我在教学中首倡的是激趣。

以"情"激趣：在教学中以满腔的热情对待教学和学生。追求课堂语言要风趣幽默能感染学生，力求教学语言像磁铁一样吸引学生，像清泉一样给学生甘甜，像听相声、看话剧一样给学生以艺术的享受。语言要有灵魂和神韵，实现共鸣。设计每一节课时我都力求创设联系生产、生活、科技、社会实际的情境，运用实物，演示情境，借助图画，感知情境，使用现代教学技术，渲染情境。

以"疑"激趣：在教学中通过恰当设疑，为学生创造积极思维的氛围，针对不同程度的学生，设计相应难度的问题，以激发全体学生积极思考，从而让全体学生积极地参与课堂教学的双边活动，营造一种生动活泼、情趣盎然的教学氛围，达到激发学生学习主动性的目的。

以"活"激趣："问渠哪得清如许，为有源头活水来"。学生在课堂上喜欢听生动活泼、跌宕起伏的语言。我在教学中在教学方法的"灵活多变"上下工夫，采用多元学习模式和教学方法。在教学过程中充分利用图片、模型、投影、幻灯、录像、多媒体课件等来丰富课堂教学。

以"才"激趣：讲课本身是一门独特的艺术，我在教学上努力追求演员的表演才能、讲演家的风度、文学家的丰富语言、导演的组织能力。不断注重学习更新知识，拓宽自己的知识层面，力求以博学多才来赢得学生的敬重。

激励、引导学生是我教学中的一个重要任务，优秀的物理教师不是讲的多明白，而是激发和培养学生学习物理的兴趣。有兴趣才能主动学、刻苦学，学习才能深入。要改变物理课堂枯燥、死板、严肃、难懂的面貌，使物理课变得亲切、有趣、有吸引力，使学生能主动地、生动活泼地学习。

用"情"，就是教学中真心爱学生。从内心去欣赏每一位学生、最大限度地理解、宽容、善待孩子，伴随他们成长。

"情"就是教学中时刻激励每位学生。我的教育教学就是让学生燃起一把火，为学生点亮一盏灯，并频频地煽动扇子，使学生的希望之火越烧越旺。通过鼓励来帮助学生建立积极的心态。鼓励，让学生把人性中最美好的一面表现出来；鼓励，让学生把内心最快乐的一面展示出来。

求"美"，就是要在教学中培养学生发现美、欣赏美、展现美、传递美、创造美。"美"是一切事务生存和发展的本质特征，是人性中最高位的追求，是人性里善良与健康的结合与体现。只有完善的生命，才能绽放出真正的美——美的语言、美的举止、美的心灵。

追求教学本源，就是要在教学中抓住学科本体。高中物理的学科本体到底是什么？我认为是学生在接受高中物理教育过程中逐步形成的，适应个人终身学习和社会发展所需要的物理的核心知识、核心概念、核心规律、重要物理实验、重要的思维方法。物理的核心能力，指理解能力，推理能力，分析、综合的能力，利用数学工具解决物理问题的能力，实验能力。

教无定法，贵在得法，教学方法必须是以学生为出发点、是为了学生发展、能促进学生发展"一切为了学生，高度尊重学生，全面依靠学生"。教学方法没有好不好，只有恰当不恰当。

应该承认随着课堂教学改革的深化，课程的发展呈现出生活化、多样化，也导致了教学方法的多样性和丰富性。只以发展学生创造性思维为目的教学方法就有十种之多：如发现法、解决课题法、问题教学法、范例教学法、暗示教学法、问题讨论法、欣赏法、观察法、局部探求法、研究法、探究和研讨教学法、综合性学习法、自主合作探究式教学法等，如此这般，不一而足。教学方法的多样性是课堂教学科学化、现代化的必然选择，也是课程发展的必然要求。

目 录

教育篇

教学篇

教育篇

第一章 心路历程

第一节 与教育的不解之缘

教育的本质意味着：一棵树摇动一棵树，一朵云推动一朵云，一个灵魂唤醒一个灵魂。

——雅斯贝尔斯

悠悠三十载教师生涯，数不清有多少个日日夜夜，都言教师痴，谁解其中味。作为一名教师，这一路走来真的有很多话想说。

在这段历程中，我，一个来自农村的最普通的、最平凡的孩子，完成了从一个学生到一个特级教师的蜕变。它是我的不平常的三十年。

1964年，我出生在农安县永安乡龙凤山脚下的一个名叫"学田地屯"的小山村。村子北面大约3里远的地方就是古时界外，那里有一望无际的荒甸子。西北面是八百多里的沙化土地，东面是寸草难生的盐碱地，南面是几近干涸的"波罗湖"。就是这样一片贫瘠的土地，给予了这里的人们勤劳勇敢、永不服输的倔强性格。

我的祖父早在新中国成立前便是这里的教书先生，父亲自1956年起也在这里做了教员，哥哥1979年师范学校毕业后又回到这里当老师。祖孙三代对教育的执着，使得我们家在1985年新中国的第一个教师节就荣获了"教育世家"的称号；之后于1992年再次被长春市委、市政府评为"教育世家"。

命中注定，薪火相传。1983年我参加高考，得了500多分，成绩下来全屯欢呼。当时，凭借这样的成绩在全国几乎没有去不了的大学，因此我信心满满地填报了航天动力器（火箭）专业。这个专业在全国共招 13 人，在吉林省仅招 1 人。理想很丰满，但现实很骨感，不成想有成绩更高的考生与我有共同的爱好与志愿，使得我与航天梦想擦身而过。机缘巧合，继承祖业，由此我便与师范结下了不解之缘。

1987 年大学毕业前夕，已是学生党员的我在《吉林日报》上发表了处女作《劝君毕业回家乡》，号召毕业生回到家乡，扎根于祖国最需要的地方去。也是从那时起，我决心一定要在三尺讲台上干出个样来！

回到家乡后，我被分配到了县城中学。初出茅庐，使得我对如何从事教育工作所知甚少，是县里的两位优秀教师让我对"好老师"这个概念有了最初的界定，赶超他们成为我职业生涯的最初动力。

第一位是我的大姨父，他是县城内极其出名的班主任，县城的学生只要能进入他所在学校里他教的班级，就不会考虑是否要去整体实力更强的一中。一些有门路的家长为了能让孩子进他的班，不惜动用各种社会力量；一些没门路的家长索性就坐在他家里哭，说什么也要把孩子送到他那里去。

另一位是贾宝喜老师，他是一位真正意义上的实干家，与辽宁的魏书生老师都是同一期被推出的东北教育先进典型。曾经获得过"全国劳动模范"称号。

从那时候起，我便暗下决心，一定要做个像姨父那样受人尊敬的老师，同时也要做个像贾老师一样的实干家。

第二节　初出茅庐与反思成长

作为一个教育者，我们不仅要教会学生知识，教会学生锻炼身体，更重要的是要教会学生如何做人。

——张伯苓

我工作的第一年就与贾宝喜老师在同一年级，并且都当班主任。那时我校每届 6 个班，他是一班班主任，我是六班班主任。由于我初出茅庐，家长很不放心把孩子交给我，在开学的第一天就有近十人缺席，并暗中做转班的工作。为了赶超贾老师，我与同是新任教师的五班班主任国老师一起商量对策。了解到贾老师每天 6 点准时给学生上课，十几年如一日从未间断，于是从第二天开始我俩也是 6 点给学生义务上课。别的班学生 7 点到校时，我们两个班已经上完一节大课了。但我们还不满足，为了能超过一班，我俩把周日休息的时间也利用上了，每周日上午两个班互换对上。几年后也有一些班主任跟着上早课，学校也陆续开始补课。为了保持住时间上的优势，从 1994 年开始，我们又把学生留下来免费上晚课。

那时我只有一个信念，就是"干"。但教学毕竟和普通的劳动生产不同，光有干劲是远远不够的，它更需要一种方法。正如叶圣陶先生所言："教育是农业而不是工业"，来不得半点急功近利。

由于当时教育理念的缺乏，在教育过程中出现的问题也随之而来。信奉严师出高徒的我渐渐发现，学生虽然考上了大学，但他们并不开心，取而代之的是痛苦与迷茫。他们不能很好地适应大学的生活，不知道自己未来的路在何方。

面对迷茫的学生，我意识到光有干劲还不行，还需要先进的理念和方法。从那时起，我才真正地开始学习教育学和心理学，边学边实践，在模仿、借鉴、反思中逐步完善、升华自己的教学理念。

通过学习、积累和反思，我认识到作为教师必须认清两点：

一、正确认识教师这一职业

任何人都应该有自尊心、自信心、独立性，不然就是奴才。但自尊不是轻人，自信不是自满，独立不是孤立。

——徐特立

神化教师的人常把教师比做"蜡烛""春蚕""园丁""人类灵魂的工程师"。妖魔化教师的人，则把教师称为"新时期的臭老九"，2009 年网上有个"国内十大缺德行业"的排行榜，教师名列榜首。其实神化也好，妖魔化也罢，既然选择了教师这一职业，我们就要正确认识这一职业，摆好自己的定位，既不要因为社会上神化教师而飘飘然，也不要因为妖魔化教师而愤懑不已。

其实各行各业的人，谁又能不是蜡烛呢？一个人来到世间，都是一支点燃的蜡烛，燃尽自己是必然的，为什么不去照亮别人呢？"送人玫瑰，手有余香"，照亮别人难道不也是一种幸福吗？教师的职业只是更有利于去照亮别人。

在旧时代，教师根本没有社会地位，是统治阶级的附属品，正如郑板桥所言："教馆本来是下流，傍人门户度春秋，半饥半饱清闲客，无枷无锁自在囚。"但今天，在世人眼中教师确实是一个崇高的职业、神圣的职业，但同时也是一个非常辛苦的职业。面对我们自己的职业选择，我们应当放下对这份辛苦的抱怨，静下心来教书，潜下心来育人，慢慢打磨，永远牢记"十年树木，百年树人"的教育哲理。

二、正确理解什么是"教育"

通俗地说，学校的工作就是教育教学两条线，说起来容易，做好了难。不同的教育家对教育有不同的解读：孔子认为，教育是"明德，亲民，止于至善"；鲁迅认为，"教育是立人。"蔡元培认为，"教育是帮助被教育的人，给他能发展自己的能力，完成他的人格"；陶行知认为，"教育是培养有行动能力、思考能力和创造力的人"；马克思认为，教育是"促进个人的独创的自由发展"；康德认为，教育是"个体自我设计、自我选择、自我构建、自我评价的过程，是自我能力的发展，不是"指令"，也不是"替代"，更不是让茧中的幼蝶曲意迎合或违心屈从"；爱因斯坦认为，"忘记了以后，剩下的就是教育"；蒙台梭利认为，"教育是激发，是激励"；亚米契斯认为，教育是"爱"。种种释义，各有千秋，都从某一角度通向真理之门。

我个人认为，教育是关爱、是尊重、是呵护、是宽容、是忍耐、是坚守、是期待、是导引、是激励、是奉献、更是艺术。是理解的艺术，是发现的艺术，是唤醒的艺术，是激励的艺术，是欣赏的艺术，是爱的艺术。

教师除了传授知识外，还担负着更广阔的目标——培养人，传递给学生民族文化的精华，美好的、积极向上的东西，如果连教师都把教育当成赚钱牟利的工具，那损害的东西就太多了。追问教育的本质在当前是很有必要的，认清教育的本职是搞好教育的前提。教师应该是高尚人格的化身，教师的言行应该是道德的标准。

第三节　坚持操守，忠诚党的事业

> 教人者，成人之长，去人之短也。唯尽知己之所短而后能去人之短，唯不恃己之所长而后能收人之长。
>
> ——魏源

三十年来，我始终不忘党旗下的誓言，在平凡的教育岗位上，忠诚地履行作为一个共产党员、一名人民教师的神圣职责，始终保持着共产党员的先进性，发挥着先锋模范作用。

随着市场经济大潮的冲击，物欲和拜金主义使得一些人迷失了方向，但我始终牢记党的宗旨，以一个优秀共产党员的标准要求自己，以高尚的师德勉励自己。我习惯了清贫，习惯了简朴，追求的是生活的充实和精神的富有，只想上好每一节课，教好每一个学生。随着我的教学成绩高了，名气大了，有很多家长托门子想请我做家教，但我永远坚守着一个原则："教学注意力和精力不能分散！"从教三十年来，从不搞有偿家教。我把100%的精力都用在了我那神圣的讲台上，全部奉献给我的学生。

我有无数个每天工作16小时的记录，因为心中有一个信念支撑着我："让社会放心、让学校放心、让家长放心！"教学是我一生的挚爱，讲台是我为之动情的舞台，学生是我最亲的孩子！对教育事业的忠诚——是我，一名普通人民教师最崇高的人生追求！

第四节　兴趣是最好的老师

> 问题不在于教他各种学问，而在于培养他有爱好学问的兴趣，而且在这种兴趣充分增长起来的时候，教他以研究学问的方法。
>
> ——卢梭

　　常言说，兴趣是最好的老师。一个人的兴趣是学习的第一动力。现在的中学生，对很多学科的兴趣来源于老师。他对老师的印象好了，学习兴趣就来了，但对老师的印象不好，这个学科就不想学了。现在的孩子在很大程度上不是给自己学，而是认为给老师学，给家长学，这就把学习的压力推给了老师。作为老师，不仅要加强自身的道德修养，职业修养，让自己成为道德的化身，而且要才华横溢，风趣幽默，性格阳光，这样才能给学生带来信心，带来力量，带来兴趣。为解决课堂教学效果，我积极探索教学方法，创设教学情境，激发学习动机，培养学习兴趣，分类指导，分层推进。

　　我在认真备课、精心批改作业的同时，还给每个学生建立了学习档案，记下每个学生的情况，实施"分层教学"，把学生分成甲、乙、丙三类层级，对三类学生提出不同的要求。讲课时以中等学生为主，适当兼顾两头；习题布置也分三类，让不同水平的学生都能完成适合自己水平的习题。这样一来，尖子生学有特色，百尺竿头，更进一步；中等生平衡发展，鼓足干劲，力争上游；后进生夯实基础，稳步提高，信心充盈。让他们形成比、学、赶、帮、超的竞争局面。学生们也很喜欢"分层教学"，这种教学方式有效地解决了"后进学生吃不了，优等生吃不饱"的难题，极大地调动了各类学生学习物理的积极性，班上学生之间的差距也逐渐缩小了。

　　使人进步的最大一种刺激物，是一种成功的感觉。做了一点事，无论事情大小，只要他尝到一点成功的快乐，便会渴望再次成功的光荣。

　　2001届学生徐凯，起初学习习惯很不好，有厌学情绪。为了帮助他改变学习态度，我试着从提高他对学习的兴趣方面入手，千方百计地为他创设获得成功的机会，细心注意他的哪怕一点点的进步，并及时给予恰到好处地表扬。例如，有一次在批改作业时我发现徐凯同学有一道物理题的解法非常新颖，与众不同。我决定利用这个契机，让徐凯认识到自己的潜力。于是，我专门在班上搞了一次"猜猜是谁"的小活动，当着全班学生对徐凯的进步给予了充分的肯定，并号召大家向他学习。这样不单单对徐凯，对全班同学都是一种激励。功夫不负有心人，徐凯的成绩逐步提高，厌学情绪也没了，最终以优异的成绩考入了上海交通大学。

第五节　用爱的奉献感染每个孩子

没有爱，就没有教育。

——苏霍姆林斯基

我们都非常爱自己的孩子，上学时希望他遇到好老师，成家时希望他遇到好伴侣，工作上希望他遇到好领导，社会上希望他遇到好朋友。不管孩子们在老师眼中有多少毛病，但在家长心中他们都是宝，他们承载着家中几代人的希望。在他们的豆蔻年华里，除了家长，他们每天接触时间最长的成年人就是老师。我们工作中的一次失误很可能会贻误孩子的一生。工作失误可以在下一次工作中改正过来，但孩子的一生是不能重来的。因此，学生的学习成绩好也罢，坏也罢，我总是努力像爱自己孩子那样爱每一个学生。

工作三十年来，我只请过三天半的事假：第一次是 1988 年 6 月 4 日周六，我结婚，我请了一天的婚假，6 月 6 日周一我就正常上班了；第二次是 2009 年 5 月 30 日，我父亲去世，我请了一天半事假，6 月 1 日下午还没有完全料理完父亲的后事，我就返回学校上课了；第三次是 2009 年 8 月 17 日，送孩子上大学请了一天的事假，16 日晚上乘夜车送孩子到学校，17 日办理完入学手续后又乘当天的夜车返回长春，早上从车站出来后就直接赶回学校上班了，当时学生还没有开学。

工作三十年来，我没请过一天病假，长期奋战在教学一线，始终带三个班的课，超时超量地工作。随着年龄的增长、锻炼的缺乏，身体患了多种疾病。但对于病痛我乐观面对，以积极的心态去治疗、去锻炼。人吃五谷杂粮没有不生病的，头痛脑热发病多次，但每次我都坚持上班，上好每一节课，坚守讲台每一分钟，呈现给学生们的永远是精神饱满的状态。

到实验校的头五年，我与学生同作息，十二天回一次家，早晨与学生同时起床跑步，晚上与学生同上晚自习。直到今天，我还一直坚持单周周末都到校。我的信条是只要学生在校上课，我就到校相陪。

在教学之余，我经常与学生进行深入的交流，对学生在成长过程中出现的问题给予细致耐心的解答。很多学生家在外地，为了让他们感受到亲情的温暖，我经常利用双休日把学生带到自己家里；每年到了元宵节、端午节、中秋节，我还会给学生带些好吃的，到学生寝室和他们一起过节。

到实验校工作后，每年暑假我都出去招生，在招生过程中我都会顺便做家访工作。十几年来我到过辽源、通化、集安、白山、扶松、泉阳、吉林、德惠、九台、桦甸、松原、大安、乾安、公主岭等地，每到一处我都会与家长沟通，充分了解学生的家庭情况，从而有针对性地做好学生的思想工作。

可以这样讲，这些年我愧对亲情、愧对友情，但我没愧对学生。

我在长春有五个妹妹，其中两个还都是在本校工作，但在她们结婚时我却总是因为学校这边的工作走不开而没能到场，都是爱人替我去的。

我最对不起的人是我的父亲，2005年我父母从内蒙古回来到我这住了三天，不巧正赶上中秋节，我在学校和学生一起过的，没能陪在父母身边。父亲回家后身体就不好，病情逐渐加重，直到临终也没再来过长春。为了不耽误学生的学习，连父亲"烧百天"和周年纪念这样的日子，我都没能到场。其实不论工作有多忙，因为这些原因跟领导请假，领导肯定会准假的，但作为老师我总感觉没法向学生交代。

个人的事再大也不能耽误学生的事。这也是我的工作信条。

第六节　用爱的眼神关注每个孩子

对人的爱是你道德的核心！要为你周围的人贡献出自己心灵的力量，让他们更美好，更富有、更完美；让你生活中接触的每一个人从你那儿，从你的心灵深处得到一点最美好的东西。

——苏霍姆林斯基

我曾经在杂志上看到过这样一个故事，美国新泽西州一所中学百年校庆与该校一位优秀老师、著名的班主任休伊斯先生的80岁生日恰巧是同一天。休伊斯先生的教学生涯极富传奇色彩，他教过的许多学生如今已是世界知名的教授、学者，或是已成为了他们所从事领域的佼佼者。学校为了寻求答案，便给他的学生们出了一份调查问卷，当问及休伊斯先生的哪一方面对你的人生影响最大，几乎所有的学生都认为，休伊斯先生对他们影响最大的就是他的眼神，那种发自内心的温暖的眼神。

从那以后我也尝试用眼神与学生交流：现在上课时只要一个眼神，我就知道他们是否听懂；上课时通过一个眼神，也能使学生自觉地纠正某些错误。

老师爱的目光是孩子成长的营养源，与学生交流时，老师的目光，往往胜过语言。一个鼓励的眼神，可以让拙于回答问题的学生大胆地举起手来，让退缩不前的学生勇敢地向前迈进；一个赞扬的眼神，可以让学生体会到被老师肯定的快乐，激励着他们向着那无限的顶峰不断前进。当学生们从老师的眼里看到的是一种不屑，感受到的是一种轻视时，他们就会变得更加胆小、懦弱；当学生们从老师的眼里读出了一线光明，体会到了一股暖流时，这种眼神就成了点化学生心灵的金手指。学生只有从老师的眼神中感到了老师的关心、鼓励，体会到了被老师尊重的感觉，才能有胆量表现自己、展现自己，实现自己的价值。

第七节　用爱的微笑面对每个孩子

"什么是最好的教育？最好的教育就是无所作为的教育。学生看不到教育的发生，却实实在在地影响着他们的心灵，帮助他们发挥了潜能，这才是天底下最好的教育。"

——卢梭

有一句名言说的好："老师的微笑是世间最美的，也是最能创造价值的。"多年来我一直用发自内心的爱的微笑面对学生。

我从参加工作至今一直保持着面带微笑走进课堂，时刻告诫自己在学生面前千万别满脸"阶级斗争"。刚开始接班时，学生并不了解，甚至私下里议论"老师是笑面虎难对付",但时间长了他们就会感到我是真心喜欢他们,爱他们。他们与我无话不谈,也真心热爱我这个老师。在原单位工作的十几年中,学校对老师共做过八年的民主测评,我有七年获得第一;1998年到实验校后我的学生测评分数也一直很高,有位学生在毕业留言中是这样写的:"让我们说句心里的话:生活在您微笑中的我们,是一群幸运儿,您的微笑就是阳光,它能融化冰雪;您的微笑就是春雨,它能滋润我们的心田。"生活在微笑中的孩子该有多美好!让我们用微笑感染学生,成为学生提问、倾诉、聊天、求助的"亲人",成为受学生欢迎的,有魅力的好老师。

如果说爱的眼神是一种信任,那么爱的微笑就是一种尊重,更是一种鞭策,它能够触及人的灵魂。当我们以心灵感受心灵,以感情赢得感情时,奇迹就会出现。让我们和孩子一同成长,给孩子以更多的慈爱和宽容吧!没有爱的教育是不可能成功的,老师一定要把爱学生放在首位。但爱也要讲方法,老师在给予爱的同时,也要让学生学会去爱,最后收获学生对自己的爱。

真心爱着学生,就应当做到从生活上、思想上、学习上全面关心和爱护学生。班里学生生病,我都去看望,指导学生就医,并为住院学生垫付医疗费,让学生在学校感受到家庭的温暖,从而更安心地投入学习。我经常找学生谈心,做学生的知心人,从而得到学生的充分信任,了解学生心中的"结",帮其排解不良情绪,引导学生克服心理障碍,为学生排忧解难。

教师的爱应更多地表现为关心爱护全体学生,尊重学生的人格,平等公正地对待每一位学生,不以分数作为评价学生的唯一标准。

第八节 用爱的语言激励每个孩子

教育的艺术不在传授,而在鼓舞和唤醒。

——陶行知

　　教师被誉为太阳底下最光辉的职业，因为它是要用爱心去倾注的事业，这样的事业才是最富激情和高尚的。这种爱包括对教育事业的热爱，对学生的热爱。我们要用爱为每个学生铺平成长的道路。

　　爱学生，就要学会真诚地赞赏学生。刚入学的孩子都站在同一起跑线上，没有谁愿意落在别人后面，但在长期的学习过程中，也会有部分学生落后了，也许是思想上有了一些想法。这就要求教师应具备敏锐的洞察力，及时给予指导，帮助学生树立信心，哪怕学生只取得一丁点儿的进步，教师也不应吝啬对他们的赞美。如"作业写得比上次好多了""值日认真了""愿意帮助同学了"等等。或许，我们觉得这些话很平常，但这小小的赞赏会在学生的心灵上洒上一片阳光，让学生感到温暖与自信。

　　赞赏学生时，还应注意实事求是，就事论事。有进步时，该表扬就表扬，但不要夸大这些进步，使学生产生自己各方面都很优秀的错觉，从而失去赞赏的意义。而对学生在学习或生活中出现的错误和退步，也可以采取表扬其他的优点，然后再进行迂回的指正。如对一个值日非常认真但作业没写好的同学，我会说："你今天值日真干净，要是你的作业写得和你值日一样漂亮该多好啊！"这样的话语学生乐意接受，也能很快改正自身的缺点。

　　赞赏的话语，就是孩子们的导航仪。

　　多数的学生喜欢听老师对自己说"对自己要有信心"；而紧随其后的是"这几天你进步了""大胆去做吧，做错了可以改"。经过总结和学习，我发现这样一些话可以给孩子带来积极的影响。

一、激励孩子积极向上的最好的话

　　1. "你将会成为了不起的人"——激励会在孩子身上产生神奇的效应。

　　2. "别怕，你肯定能行"——鼓励是孩子的最大的精神支柱！

　　3. "只要今天比昨天强就好"——赞美孩子的每一点进步。

　　4. "你一定是个聪明的孩子，成绩一定会赶上去的"——鼓励让成绩差的孩子树立信心。

　　5. "你一定是个人生的强者"——鼓励孩子勇敢地面对困难。

二、使孩子充满自信的话

1. "孩子，你仍然很棒"——积极培养孩子的自信心。

2. "孩子，你一点也不笨"——尊重与信任让孩子变得信心十足。

3. "告诉自己，'我能做到'"——正确诱导，帮助孩子树立信心。

4. "我很欣赏你在某某方面的才能"——放大优点能增强孩子的自信心。

5. "我相信你能找回学习的信心"——帮助孩子重新树立学习上的自信心。

6. "你将来会成大器的，好好努力吧"——用语言暗示培养孩子的自信心。

三、促使孩子学习更优秀的话

1. "凡事都要有个计划，学习也一样"——让孩子学会制定学习计划。

2. "珍惜时间，就是珍惜生命"——让孩子学会珍惜每一寸光阴。

3. "你再好好思考思考"——让孩子学会勤于思考。

4. "只要努力，下次就一定能考好"——正确对待成绩不好的孩子。

四、促进孩子品行高尚的话

1. "品德比分数更重要"——让孩子明白人品比任何都重要。

2. "诚实是做人的第一美德"——培养孩子高尚的品行。

3. "竞争中的公平最可贵"——让孩子养成公正无私的品格。

4. "凡事都要问一问自己的良心"——教孩子做事一定要讲良心。

5. "要学会说一声：谢谢"——培养孩子的感恩之心。

6. "你知道关心父母，这让我很开心"——让孩子在体验中学会尊敬父母。

7. "我很高兴你有一颗同情心"——培养孩子对他人的同情之心。

8. "我希望你是一个懂礼貌的孩子"——让孩子学会礼貌待人。

五、鼓励孩子自立自强的话

1. "你想做的事情由你自己决定"——对孩子进行自主自立教育。
2. "自己去做吧,不要依赖别人"——培养孩子的自立自强的品行。
3. "你可以锻炼一下自己的嘛"——鼓励孩子对自己的事情做出决定。
4. "路是自己选的,就要对自己负责"——让孩子学会对自己负责。
5. "你大胆去锻炼一下不是很好吗"——积极培养孩子的勇敢精神。
6. "拿出男子汉的勇气,闯过来"——有意识地培养孩子的意志力。
7. "你自己解决这个问题"——让孩子学会直面挫折和困境。
8. "能够管理自己是你将来成功的保障"——让孩子从小学会自律。
9. "跌倒了,要自己爬起来"——不要让孩子过度依赖父母。
10. "你一定要自己走路去上学"——不要过分地溺爱孩子。
11. "由你去交钱,好吗"——从购物中锻炼孩子的独立能力。

六、帮助孩子热爱劳动的话

1. "劳动能让你更快乐"——让孩子体验劳动的快乐。
2. "你多做几次就会了"——鼓励孩子养成爱劳动的习惯。
3. "第一次,谁都一样"——让孩子爱上做家务。
4. "好孩子,自己的事自己做"——让孩子学会整理自己的东西。
5. "你也来尝尝当家的滋味"——培养孩子当家做主的责任感。

七、引导孩子学会与人交往的话

1. "孩子,做人要坦荡,待人要坦诚"——让孩子学会坦诚对待他人。
2. "你要学会融入集体中"——让孩子学会与别人合作。
3. "用你的诚心赢得他人的欢迎"——帮助孩子扭转不受欢迎的局面。
4. "不要随便地怀疑别人"——帮助孩子消除对他人的猜疑心。
5. "朋友之间要相互信任和理解"——引导孩子正确处理与他人的矛盾。
6. "同学之间要友爱互助"——帮助孩子消除和他人的冲突。

八、鼓励孩子勇于纠正缺点的话

1. "无论什么时候都不要说谎"——帮助孩子戒掉说谎的习惯。

2. "每个人都有值得学习的地方"——莫让孩子妄自尊大。

3. "自我约束是对自己负责"——纠正孩子自我放纵的恶习。

4. "骂人是一种可耻行为"——纠正孩子说脏话的毛病。

5. "你一定要学会控制你的脾气"——帮助孩子克服爱发脾气的毛病。

6. "你是个懂事的孩子"——纠正孩子任性的毛病。

7. "有耐心才能做好任何事情"——纠正孩子缺乏耐心的毛病。

8. "我们找个锻炼细心的事情做一做"——改正孩子做事马虎的毛病。

9. "凡事都要冷静，不能急躁"——帮助孩子改变急躁的情绪。

10. "游戏可以玩，但不能沉迷其中"——要求孩子远离网络游戏。

11. "胆子大些，再大些"——帮助孩子克服胆怯。

12. "偏食会妨害你的成长"——纠正孩子偏食的毛病。

第九节　"孩子"是对学生最好的称呼

我认为，对一切来说，只有热爱才是最好的教师，它远远胜过责任感

——爱因斯坦

当了这么多年老师，我才明白，"孩子"才是对学生最自然的称呼。我总是这样认为，孩子的成长是缓慢地，是在微小的量变中达到质的飞跃的，我们老师要做的就是引导着孩子慢慢长大。每个孩子都是独特的，是与众不同的，在未来的人生道路上，都会实现自己的价值。我们不必拿任何两个孩子对比，孩子的成长是整体性的，任何两个孩子都没有可比性。

每次上课，我都期待着能与孩子们更亲近、更广泛、更无拘无束地交流，我热爱课堂，珍惜孩子们脸上的每一丝微笑、每一缕满足，我害怕他们的叹息与彷徨。

好孩子是夸出来的，鼓励孩子是所有教育中最基本的方法。俗话说：宝石并非天生就是闪闪发光的，很多时候它是需要人们去发现蕴涵有宝石的矿石，然后进行耐心的细细琢磨。对于我们身边的孩子来说，他们也都有自己的优缺点，只是很多时候我们没有去关注，所以没发现。宝石的发现需要一颗对宝石的美的憧憬的心，而对他人优点的发现，也需要我们一颗对他人的优点的赏识、关注的心。我们的学生天真烂漫，但身上总有这样那样的"黑点"，他们不就像一颗颗正等待雕琢的宝石吗？孩子身上的这样那样的小错误正是孩子走向成熟人生必经历程中不可避免的，这也正是需要老师去细刻雕琢的地方。用宽容、信任去善待孩子的"黑点"，采用适时的教育、平等的交流、真诚的倾听，走进孩子的心灵，用赏识、赞美、鼓励的心去滋润，最终使宝石发出最璀璨的光芒，获得真正的价值，收获赏识带来的幸福和快乐！每个班的学生参差不齐，但他们都有一颗渴求知识的心。作为教师，不要眼里只有好学生，无视后进生。那些学习吃力的学生反而需要更多的鼓励。一个微笑的眼神，一句鼓励的话语，都是对孩子的一种肯定，一种激励。

夸学生，要从内心去欣赏他们。学生敏感的心灵能够感受到真诚与虚伪。再调皮的学生也有优点，这些优点可能与他们的学习无关，但是这些优点也是他们性格的一部分，也是他们将来发展的重要素质，是值得被欣赏和敬佩的。我感觉对学生的这些欣赏，可以拉近与学生之间的距离。拉近了与他们的距离，你讲什么，他们就会听什么；你要求什么，他们就会做什么。如果为了表扬而言不由衷，学生肯定不买账，甚至还会藐视你。有时候，夸学生不需要用语言，只要一个眼神、一个动作，他们就体会了、就理解了、就接受了。夸学生，不一定在课堂上，也可以在课下。在课下，主动拉近和学生的距离，对于那些难以教育的学生，我有时主动拍拍肩膀、聊聊天，然后抓住他言语或行动中的闪光点，真诚的进行赞赏。或者利用他的特长，请他帮助我做点什么。在夸学生的时候尽量少夸聪明、漂亮，多夸勤奋、努力。

一句鼓励的言辞，一个鼓励的眼神，也许就会成就一位了不起的人物。学会鼓励就能让孩子生活在明媚的阳光里。

第二章　教育主张

第一节　为人师表

其身正，不令而行；其身不正，虽令不从。

——孔子

基于我个人对教育的认识，在行动中，我努力用高尚的师德完善自己的人格，做学生的表率。常言道：学高为师，身正为范。要正人，先正己，名不正，言不顺。为人师表，无论在什么场合，是否有学生在场，是否与学生交谈，我时刻不忘自己的教师身份，切实做到严以律己，以身作则。用自己的实际行动去感动学生、带动学生，共创良好的育人氛围。我始终坚信，在人格上赢得学生的心，学生才会产生仰慕之情并心悦诚服，"亲其师而信其道"。

2004届毕业生 LMM 和 ZMM 物理成绩不好，放寒假时我就把他们领到家里补课，每天中午在我家吃。寒假结束后，家长多次要表示感谢，把补课钱偷偷塞到我家里，我又打车给送回去了。我跟家长诚恳地说，师生能到一起那是缘分，帮孩子提高成绩那是我应尽的责任与义务。孩子想学习就是我当老师最大的快乐，收了你的钱我无法面对我的学生。二十多年来，我从没单独办班或给自己的学生有偿补课。我就是要用一个高尚美好的教师形象去影响学生，熏陶学生，做到自重、自省、自警、自励，以身作则，言行一致，在行动上为学生做出表率。以模范行为来影响学生，让学生心甘情愿地接受老师的教育。

我也经常与学生说，今天无论我为你们做了什么，你们千万不要用金钱回报我，你们能有好的前程和发展才是对我最大的回报。将来我退休了，我要到每个学生的工作单位去走一走、看一看，如果你在那个单位的口碑不好，我就立刻离开；如果你在本职岗位上工作出色，并且家庭和睦，我一定常到你的家里做客。我不看你的职位有多高，也不看你的金钱有多少，就看你是否堂堂正正地做人，踏踏实实地做事。

我一直在努力工作，奢望着将来我的学生也能再把他的孩子送给我培养，希望到他们老的时候，哄着自己的子孙时还能回忆起我，跟他们的子孙谈谈他中学时代的老师对他有多么好，这就是我今生为师的最大愿望。

做了二十五年的班主任，深知班主任工作的辛苦和琐碎。班主任不但要教好所任教的学科，还要培养一个健康向上的班集体，使每个学生德、智、体、美、劳等方面都得到充分发展，形成良好的个性品质，不付出艰辛的劳动和辛苦的汗水是不会收获的。

第二节　一勤天下无难事

天才出于勤奋，哪里有超乎常人的精力与工作能力，哪里就有天才。

——李卜克内西

走进学生，和学生共同学习、共同生活、共同成长，其乐无穷。

每带一届学生，我都会给自己定下三天内能叫出所有学生名字的目标。从能见到档案的那天起，我就一遍一遍翻档案，争取从照片上先认识学生，同时尽量从档案上获取更多的信息，了解学生的情况，这样等到学生报到时我能说出大部分学生的名字和家庭住址，了解一部分家长的职业，并且能根据这些信息寻找共同的语言和他们交流，这样会使他们倍感亲切，放心把孩子们交给我。学生也因为老师头一天就能认识自己而特别高兴。我还会利用短暂的报到时间尽可能多地和家长交流，了解每个孩子的特点。

为了早日熟悉学生，我提前给每个学生做一个名牌放到座位上。第一个月我尽量住在学生的寝室，白天和他们一起军训，晚上到寝室交流指导。军训时我一般都陪着学生，一边观察学生的表现一边写教育日记，把学生的表现都记录下来。近些年我又开始用数码相机记录学生们的美好瞬间。

训练过程中有时站累了，真想歇一会儿，但我没有这样做，我想让学生知道我就是他们中的一员，即便是老师也没有随时休息的特权，作为学生就更应该刻苦训练。休息的时候，我和学生们一起游戏、聊天，以便拉近师生距离，同时也能更多地了解学生特点。

有的学生刚训练一天就偷懒，也有一些家长心疼孩子，帮着请病假，每当遇到这种情况，我都会根据学生的实际情况，判断是真病了还是小病大养。如果真是生病了，我会马上准假；但如果为了偷懒装病，我会努力和家长说明军训的目的和意义，以取得家长的理解和支持。我也鼓励有小病的同学回到队伍中去，并在晚上总结的时候，对认真训练和带病坚持训练的同学一并表扬，即使是装病的同学我也不点破他们的行为，反而是给予关心照顾，让他们感受到来自老师的关爱，从而改变自身的不当行为。

军训结束后，班主任每周要值两天班，我一般都住在学生寝室，主动接近学生，和他们唠唠家常，畅谈一下理想，议论一下时政。向他们渗透做人的道理。正所谓"老师无闲暇，时时都育人，教育无场馆，处处都育人，学校无小事，事事都育人。"

第三节　合作才能共赢

合作才能共赢，一个人无论多么优秀，如果离开了别人的配合，就无法把自己的事情做好。

——巴金

遇事与学生商量，发现和培养每一位学生，实现"兵教兵"。用魏书生的话说："普通同学能做的事班委不管，班委能做的事班长不管，班长能做的事我不管。"

在军训期间，我的一项重要任务就是发现和培养班干部。我与教官商量，让每一个有潜质的学生都出来带领队伍训练，结合观察表现和各方面反馈，首先挑选出体育委员人选，然后让他们竞聘上岗。体委是关乎班级荣誉和凝聚力的一个重要职位，如果体委的人选选对了，班级的"三操"和各种体育比赛就有了成功的保障，而体育比赛又是最能增强班级凝聚力的，因此体委的人选非常重要。

同时在军训这一周我也尽量多开展一些活动，如辩论会、演讲会、联欢会等，给每一位学生都提供展示的舞台，以锻炼和培养学生。

对班干部的产生我主要是通过这样的方式进行——设定条件、自由选择、公平竞争、能上能下。设定条件，就是对不同的班干部设定不同的参选要求。我对班干部的共同要求是：严于律己，关心同学，乐于奉献，作风民主，爱好广泛，具有特长。我认为在学生中直接找到优秀的班干部是非常困难的，他们或有这方面的特长，或有那方面的缺点。如何使他们从扬长避短到扬长去短，从一般干部到优秀干部，则是我要尽力去做的。

我对学生干部在思想上严格要求，在方法上予以指导。学生干部不是执行我命令的工具，在学生干部开展工作时，不要告诉他们应该怎样做，应该怎样想，而要帮助他们学会如何全面地分析问题，启发他们寻找解决问题的办法，还要教导他们充分发挥集体智慧，虚心听取学生意见，鼓励他们开拓进取。

要想培养出开拓型的优秀学生干部，就不能只让他们学会处理日常工作，而是要放手让他们开展一些创造性的活动，让他们独立设计、组织活动，开发其创造性的思维能力。

总之，培养优秀学生干部是一项艰巨细致的工作。

在我们班，为了锻炼每一位学生，班级实行干部轮换制，每半年换届选举一次。同时在每次大型活动中，临时选举组委会。例如，学校开运动会，我们班级会先选出运动会组委会，并设置秘书处，下设运动员组、宣传报道组、大会服务组、艺术表演组、纪律监督组等机构，让每个同学都能参与进来，让学生们体验"我参与，我快乐"的运动会精神。我的班主任工作信条就是：让班主任无为，让班干部有为。

第四节　爱是一切的动力源泉

人生如弈棋，一步失误，全盘皆输，而人生还不如弈棋，也不可能再来一局，也不能悔棋。

——弗洛伊德

人生不发返程票，从入校的第一天开始，我就会将爱校教育、爱班教育作为入学教育的重点。因为爱是一切的动力源泉，要让学生爱校、爱班、爱师，就要给他一个爱的理由。我每届的第一个班会是介绍学校的历史，介绍学校的教育理念，介绍学校的业绩，请毕业生给新同学做报告，向学生介绍每位任课教师特点，让他们没上课就盼望见到老师。我要让学生后悔没来，决不能让他们来了后悔。同时让学生明白爱校可以是看见果皮纸屑时轻巧地弯腰一拾，对校园设施的爱惜维护，为自己创造美好温馨的学习环境；爱校是与同学和睦相处，对老师尊敬信赖；爱校是上课时认真听讲，课后的充实提高；爱校是表现出文明的行为举止，高尚的道德品质，体现出身为实验校人应有的素质和风貌。为了教育学生自觉维护学校形象，激发学生热爱学校、关心学校发展的主人翁精神，以实际行动创建文明优美、健康和谐的校园文化环境，我在开学初就开展了"我以考入实验校为荣"的爱校教育活动。

我始终坚信一条：没选择实验校是学生和家长的错，选了后悔是我的错。

第五节　理想是引领人生前进的灯塔

伟大的理想，坚定的信念，既造就了领袖人物的巨大成功，也造就了凡人小事的非凡卓越。

——罗丹

针对大多数学生远离家乡第一次住校的实际情况，我会在新生入学后的头两个月里，结合案例对学生进行理想前途教育，和学生讲一些名人或伟人年轻时求学的故事。我希望通过历史名人的求学、成长经历，让他们知道好男儿应志在四方，烈女子应云游天下，以此来缓解学生思乡之痛、思家之苦。

同时，在入学的第一周我就会布置学生给家长写一封长信。毛泽东十五岁离家后给父亲的第一封信中就这样写道："童子今日出韶关，不成功名誓不还，埋骨何须桑梓地，人生何处不青山。"周恩来十三岁离家读书就写下了"大江歌罢掉头东"的豪言壮语。尽管今天通信手段这样发达，但纸笔的保留价值和将来的名人手记的文物价值是其他通信手段无法替代的。我希望通过这种形式，培养他们领袖的气质和宽广的胸怀。我也喜欢与学生一起诵读毛泽东的《沁园春·长沙》《沁园春·雪》，让他们体会伟人的豪迈之气。我就是要通过这种方式，让我的学生们有才气、有志气、鼓士气、成大器！

有时我会组织全体学生观看励志教育片，如《隐形的翅膀》《永不妥协》等，这有利于增强学生自立自强的意志。学生们看后无不为《隐形的翅膀》中女主人公高中女孩雷庆瑶不向命运低头的自强自立精神所感动，纷纷表示要学习雷庆瑶，给自己在精神上插上"隐形的翅膀"，去面对现实，敢于向命运挑战，并将其落实到自己的日常行为之中，做到挑战自我、战胜自我，创造出美好的人生。

我还为班级精选励志歌曲，如《水手》《重头再来》《真心英雄》《爱拼才会赢》《我的未来不是梦》等，每当打扫卫生了、午休上课前5分钟了，或考完试后我就组织学生唱。

让班级学生背励志诗篇、励志名言，讲励志的故事等也是我在育人过程中必做的事。

我的目的就是要激活学生的欲望，更要激活学生的生命能量，唤醒全班学生的创造热情。励志，并不是让弱者取代另一个人成为强者，而是让一个弱者能与强者比肩，拥有实力相当的生命力和创造力。励志，即是唤醒一个人的内在创造力。唯有从内心深处展开的力量，用心灵体验总结出的精华，才是一个人真正获得尊严和自信的途径。

第六节　集体是成长的摇篮

教育技巧的全部诀窍就在于抓住儿童的这种上进心，这种道德上的自勉。要是儿童自己不求上进，不知自勉，任何教育者就都不能在他的身上培养出好的品质。可是只有在集体和教师首先看到儿童优点的那些地方，儿童才会产生上进心。

——苏霍姆林斯基

班级是学生在校的主要活动场所，集体意识对学生来说非常重要。当生活在班级集体中时，人们关心她、爱护她，为她的荣誉而奋斗；当离开班级集体时，多少年后人们仍然留恋她、回忆她。作为一名班主任，我深知培养学生的集体观念对全体学生的教育的重要性。

一个集体观念较强的班级，其班内学生往往朝气蓬勃、奋发上进、互相砥砺、凝聚力强，学习和各项活动卓有成效。同时也能减轻教师的负担，特别是能使班主任从繁忙的事务中解脱出来，把精力集中在教育、教学的研究上。

让学生参与管理，在参与班级管理中，培养学生的集体主义观念。

在处理班级工作上，我最大限度地依靠民主管理，充分发挥每个学生的积极性，让大家施展才华、经受锻炼、增长才干。让学生在参与班级的管理中，逐渐增强主人翁的责任感，懂得珍惜集体的荣誉，使他们能在平时的言行举止中，更主动自觉地关心集体的工作，维护集体的利益。

每个学期开始，我都会选举出一支思想好、作风正、能力强、热情高的骨干队伍，组成班委会，从班委会中推选出一人担任常务班长。班级从纪律、卫生，到出勤、学习、体育、活动等，都由常务班长总体负责。其实常务班长就相当于一位小班主任。其他班委会成员轮流值周，值周班委开展本周的活动时，要克服上周班级管理的薄弱环节，提高本周班级评比的分数。每天设立值日组长，值日组长从普通同学中产生，每周由常务班长、值周班委和班级其他成员进行评鉴，优胜劣汰，再重新推选。这样既给大多数同学提供了做事的机会，又提供了施展才华的机会，提供了使用管理权的机会。每学期下来，我班在学校卫生检查评比中一直保持较好的记录，同时同学们的能力也得到了增强，成绩也有所进步。有一位同学在周记中深有感触地写道："通过当值日组长，我改掉了以前顽皮的习性。我明白了一个人的言行交往会影响到一个班级，要生活在一个良好的集体中，每个人都必须成为良好的个体。"

苏霍姆林斯基说过："让每一个学生都抬起头来走路！"作为班主任我就是放手让学生以主人翁的身份去管理班级，多用心、少出力，把学生看作教育过程中能动的主体。

在文娱体育活动中，培养学生的集体主义观念。

一次成功的集体活动，可以激发学生对班集体强烈的向心力，大大增强学生的集体主义观念。每学期学校都会举办艺术节，为了能顺利开展好这项活动，我首先在班会上进行了思想动员，要求大家群策群力，力求为班级赢得荣誉。排练开始，在物质条件非常艰苦的条件下，同学们都争着带影碟机、麦克风，请音乐老师来具体指导，利用每周的一节音乐课和课余时间，一遍遍地练习。既注意严格要求，提高每次排练效率，又积极鼓励学生充分发挥自己所长，在演唱方法、技巧上集思广益。我对学生所取得的点滴进步，都及时给予表扬和鼓励。我就是充分抓住每一次文体活动的机会，精心设计策划，精心组织实施，让学生在活动中逐步认识到个人与集体的关系，体会到只有将个人的才智融会于集体的事业之中才有意义，才有价值。

在互帮互助活动中，培养学生的集体主义观念。

人生在世，困难、挫折、失败总是难免的。在一个班集体中，总有需要别人伸出援手去帮助的学生，每当遇到这种情况我就会抓住时机，动员大家奉献赤诚之心，培养学生高尚的情操，让处于困境中的同学感受到集体大家庭的温暖。在人世间，感情总是相互的，得到了集体的爱，同学们又怎么能不更加爱自己的集体呢。

在正确的舆论宣传中，培养学生的集体主义观念。

正确的舆论是个人和集体发展的巨大教育力量，是学生进行自我教育的重要手段，它对学生的言行具有极大的约束力，同时又具有无形的导向力。利用舆论来培养学生的集体主义观念，能够开创"好人好事有人赞，坏人坏事有人抓"的局面。其实，班主任的工作千头万绪，并非三言两语能说清楚，但只要我们肯动脑、肯研究，办法总比问题多。

第七节 让学生学会感恩

种植什么，都不如种感动来得愉快。

——金小芙

让学生学会感恩。俗话说"受人滴水之恩，当涌泉相报"，父母给了我们生命，我们对父母要常怀感恩之心，如果一个孩子连自己的父母都不爱，你还能指望他去爱谁？学会感恩，是为了擦亮蒙尘的心灵而不致麻木，感恩不仅仅是为了报恩，因为有些恩泽是我们无法回报的，有些恩情更不是等量回报就能一笔还清的，唯有用纯真的心灵去感动、去铭记、去永存，才能真正对得起给你恩惠的人！

懂得感恩父母，才会有不断奋斗的动力；懂得感恩学校，才会以最佳的心态去面对学习中的压力和挑战。人类因为感恩而伟大，世界因为感恩而美丽，感恩是爱的延续，而爱才是一切生命的动力！

成功学家安东尼·罗宾指出：成功的第一步就是先存有一颗感激之心，时时对自己的现状心存感激，同时也要对别人为你所做的一切怀有敬意和感激之情。如果你接受了别人的恩惠，不管是礼物、忠告或帮忙，那么你也应该抽出时间，向对方表达谢意。因此，让学生在接受周围的人关爱与帮助时说一声"谢谢"就显得相当重要了。因为，只有让学生对社会对环境及周围的人心存感激，他才能幸福愉快，才能主动帮助需要帮助的人，才能在遇到困难时得到更多的帮助。

第一，要让学生感恩生命。

凋零的花瓣透出的是生命的终结，枯萎的落叶宣告的是生命的停息；雍容的牡丹彰显的是生命的华贵，繁盛的大树凸现的是生命的粗犷。生命不仅给生物以形体，还赋予它无可比拟的华彩。因此，要教育学生对生命感恩。

存一颗感恩的心，去看待我们正在经历的生命、身边的生命，悉心呵护，使其免遭创伤。感恩生命，为了报答生命的给予，我们实在不应该轻视和浪费每人仅有的一次生命历程，浪费青春，一生庸庸碌碌，而应该让生命达到新的高度，体现出生命的价值，让生命更有意义，显出生命本应拥有的精彩。

没有阳光，就没有温暖；没有水源，就没有生命；没有父母，就没有我们；没有亲情和友情，世界将会一片孤寂和黑暗。这些都是浅显的道理，学生们都懂。

但是，学生们常常缺少一种感恩的思想和心理。他们常常忘记，无论生活还是生命，都需要感恩。他们总认为许多事情都是理所当然拥有的，包括父母无微不至的照顾、老师呕心沥血的教导、旁人义不容辞的帮助……感激在我们大家心中，是阳光，是雨露，是头顶永远晶莹闪烁地星辰，学会感恩是我首先要帮助学生养成的一种生活习惯。

第二，引导学生与父母沟通，让他们在生活中懂得感恩亲情。

我经常引导学生捕捉生活中那些感人的细节，比如父母的丝丝白发、粗糙的双手、微驼的背影等，这些都是让学生感受父母亲情的好素材。如此，既提高了学生的写作水平，又让他们在生活中感受到人间真情，促使其以饱满的热情投入到生活中去。

作为教师，我经常有目的地让学生主动与父母沟通，了解父母及其家庭成员的艰苦奋斗史，体会父母对自己的良苦用心。每天跟父母谈谈自己的烦恼和快乐，在沟通中增进亲情，从而消除代沟，懂得感恩。我经常给学生讲这样一个故事：一名大学生到某公司应聘，公司的人事部门问他一个很简单的问题，"你给你的母亲洗过脚吗"，这位学生诚实又迷惑地摇了摇头，人事部门说那你就先回去吧。当这位学生回到家里把事情经过向母亲诉说以后，母亲没有作声。当晚这位学生打来一盆水，给年迈的母亲洗脚，当他捧起母亲那干枯的双脚时，他突然明白了什么，他含着眼泪为母亲洗完了脚，并坚持着天天为母亲洗脚。一年以后他再次来到这个公司，找到了人事主管说道："谢谢您，是贵公司告诉了我做事情前要先学会做人，当我给老母亲洗脚的时候，我知道了母亲给我交的学费就是用这双脚四处奔波，拼命赚钱换来的，是贵公司告诉了我什么是感恩"，当他转身要走的时候，人事部的经理告诉他"你被我们公司录用了"。

第三，开展角色换位活动，让学生在体验中学会感恩。

"一粥一饭，当思来之不易；半丝半缕，恒念物力维艰"，很多学校食堂都有这样的标语，但是有些学生仍然乱丢乱倒吃不完的饭菜。针对这种情况，我让学生利用双休日或假期，与父母调换角色，体会父母持家的艰辛。通过这种活动，让学生亲身体验父母的日常生活，引发他们对生活的感悟和思考。当你吃着可口饭菜的时候，你会感激父母的无私关爱吗？当你坐在舒适的教室里的时候，你会感激老师的辛勤栽培吗？当你在舞台上取得成功时，你会感激朋友们的支持吗？请不要吝啬自己的感恩之情，当你得到亲人或朋友的关爱的时候，你至少可以真诚地说一声"谢谢"，报之以诚挚的笑脸；当别人需要帮助与支持的时候，你同样可以用宽容的心态伸出自己热情的双手。因为，心存感恩，才会珍惜拥有，珍惜幸福。记得萧伯纳说过这样一句话："人生不是一支短短的蜡烛，而是我们暂时拿着的火炬，我们一定要把它燃得十分光明灿烂，然后交给下一代人们。"萧伯纳从最深处道出了亲情的真谛。我们常说："我们的生命历程融进了亲情的每一朵浪花、每一组旋律、每一句叮咛、每一声欢笑、每一个眼神、每一步足印……"然而天下第一情绝不仅指呵护，更重要的是教育，是智慧之炬的传递。

第四，营造和谐氛围，让学生在感恩中健康成长。

童话作家金小芙说："种植什么，都不如种感动来得愉快。"感恩教育需要学校、家庭、社会共同参与，形成合力，营造感恩教育的良好氛围。和谐的师生关系是教育获得成功的保证。为此，教师要做感恩的表率，要善于宽容理解学生，要充分运用教育机制，让学生感受学习的欢愉。同时尊重学生的个体差异，允许他们犯错误并及时改正错误，真正为学生的身心健康发展创设一种民主、平等、宽松的和谐氛围。

在家庭，应教育学生以一种宽容的心态与家人和谐相处，做到互谅、互让、互敬、互爱，一切隔阂、矛盾、代沟都会烟消云散。

在社会，应该构建和谐的人际关系。每个人都应该正确处理好烦恼与快乐的关系，在任何时候都能够无私奉献，宽容他人。

每带一届学生，我都会在11月第四个星期四——感恩节这天，召开主题班会，让学生知道有个"感恩节"。其实值得感恩的不仅是对上苍，我们对父母、亲朋、同学、将来对同事、领导、部下、政府、社会等都应始终抱有感恩之心。我们的生命、健康、财富以及我们每天享受着的空气、阳光、水源，无不应在我们的感恩之列。一位盲人曾经请人在自己乞讨用的牌子上这样写道："春天来了，而我却看不到她。"我们与这位盲人相比，进一步说与那些失去生命和自由的人相比，目前能这样快快乐乐地活在世界上，谁说不是一种命运的恩赐，我们还会时常愤怒得发抖而总去抱怨命运给自己的不幸和不公吗？"感恩"不一定要感谢大恩大德，"感恩"可以是一种生活态度，一种善于发现美并欣赏美的道德情操。人生在世，不如意事十有八九，如果我们困于这种"不如意"之中，终日惴惴不安，那生活就会索然无趣。忘恩原是天性，它像随地生长的杂草；感恩则犹如玫瑰，需要细心栽培及爱心的滋润。既要心存感激，也要能学会回报，将感恩之心付诸行动。羊有跪乳之恩，鸦有反哺之德，父母的养育之恩需要我们感恩，其实如果我们以一颗感恩的心来看我们周围一切的时候，就会发现，在这个世上值得我们感恩的还有很多……美国的罗斯福总统就常怀感恩之心。据说有一次家里失盗，被偷去了许多东西，一位朋友闻讯后，忙写信安慰他。罗斯福在回信中写道："亲爱的朋友，谢谢你来信安慰我，我现在很好，感谢上帝：因为第一，贼偷去的是我的东西，而没有伤害我的生命；第二，贼只偷去我部分东西，而不是全部；第三，最值得庆幸的是，做贼的是他，而不是我。"对任何一个人来说，失盗绝对是不幸的事，而罗斯福却找出了感恩的三条理由。所以我也经常教育学生学会下面这些感恩：

感谢伤害你的人，因为他磨炼你的意志。

感谢欺骗你的人，因为他增进你的见识。

感谢遗弃你的人，因为他教导你应自立。

感谢绊倒你的人，因为他强化你的力量。

感谢呵责你的人，因为他助长你的定慧。

感谢所有使你坚定成就的人。

第八节　与谁同行比去向哪里更重要

见贤思齐焉。

——孔子

　　有句话说得好，你是谁并不重要，重要的是你和谁在一起。雄鹰在鸡窝里长大，就会失去飞翔的本领，怎能搏击长空，翱翔蓝天？野狼在羊群里成长，也会"爱上羊"而丧失狼性，怎能叱咤风云，驰骋大地？原本你很优秀，由于周围那些消极的人影响了你，使你缺乏向上的压力，丧失前进的动力而变得俗不可耐，如此平庸。

　　谁都愿意与优秀的人同行，但你有什么理由让优秀的人与你同行呢？想和聪明的人在一起，你就得聪明；想和优秀的人在一起，你就得优秀。善于发现别人的优点，并把它转化为自己的长处，你就会成为聪明人；善于把握人生的机遇，并把它转化成自己的机遇，你就会成为优秀者。对他人的成功像对待自己的成功一样充满热情。学最好的别人，做最好的自己。借人之智，成就自己，此乃成功之道。和不一样的人在一起，就会有不一样的人生。

　　生活的美好之处在于"送人玫瑰，手留余香"。要想与人同行就要学会与人相处，不神化人。无论任何人，都没有神化的必要。无论职位多高，无论贡献多大，从人的角度来讲，他都是人，而不是神，决不能把人神化。从人的角度来讲，我们都是平等的。

　　与他人建立互助的关系。我们要做一个好人，不做坏人。"好人以助人为享受，坏人以整人为快乐。"在社会上也好，在单位里也好，在家庭中也是一样，必须以诚待人。

　　让同学们明白人与人之间的关系，必须互相尊重、互相理解、互相帮助、互相谅解。只有经常想着帮助他人的人，才能随时得到他人的帮助；只有常常谅解他人的人，才能容易得到他人的谅解。也只有营造一个互相尊重、互相理解、互相帮助的大氛围，才能更好地与人同行。

科学家研究认为："人是唯一能接受暗示的动物。"积极的暗示，会对人的情绪和生理状态产生良好的影响，激发人的内在潜能，发挥人的超常水平，使人进取，催人奋进。我教育学生尽量远离消极的人，否则，他们会在不知不觉中偷走你的梦想，使你渐渐颓废，变得平庸。积极的人像太阳，照到哪里哪里亮；消极的人像月亮，初一十五都一样。态度决定一切。有什么态度，就有什么样的未来。性格决定命运，有怎样的性格，就有怎样的人生。

第九节　尊重学生，当众留面子，私下不留情

教师要十分关切地对待孩子内在的世界，不可粗暴地把自己的意见强加于他们，要耐心地听取他们的意见，要以平等待人的态度参加他们的争论。

——苏霍姆林斯基

一、对学生进行诱导，让学生有所感悟

中学生自尊心都很强，非常注重在其他同学面前的面子，特别是异性同学面前，即便他有错，明知自己不对，他也不会承认。

参加工作以来我没和学生发生过正面冲突，当发现学生违纪后，我总是先用眼神或表情制止，然后把他叫出教室，再谈问题。这么多年我从没在班级内严厉地批评过任何一位同学。

作为班主任，我从不在班级学生面前塑造自己的"厉害"形象，不用训斥、威胁的口气，也不用斩钉截铁的语气，也从没用过瞪眼睛、拍桌子，大声叫嚷等"塑造"教师权威的方法。我认为这样会使学生产生逆反心理，也有损教师的形象。

每个学生都有较强的自尊心，我在批评学生时总用平等和气的态度，讲究委婉含蓄，设身处地为接受批评的学生着想，满怀爱心，满怀理解，用平等和气的态度点明学生的错误，用真情感化学生，启迪学生的心灵，

使之产生自我批评的意识，以达到教育效果。

班内批评时我也只是说事件，从不指名道姓。对有严重违纪行为的同学，我也是把他找到办公室心平气和但严肃认真地指出错误，摆事实，讲道理以理服人，不姑息、不迁就，但不发火。

对群体性错误我多用开班会的方式解决。2006年春节过后，由于特大暴雪，延误了开学的时间，为了追赶进度，学校决定让学生报到后直接上课。当我踏进教室的那一刻，映入我的眼帘的是：同学们个个兴高采烈，穿着五彩缤纷，相聚一起谈笑风生。此时此刻的我，应该是怒视，还是大吼，还是训斥，还是冷静……沉思片刻，我依然面带笑容，向学生们说："同学们好，在新的学期里，能够看到同学们有这么好的心情，老师特别高兴，把新年的新气象带到我们班里，把新年的美好的心情带到我们班里，让大家共同分享，祝福各位在新的学期里有更多的新的收获，祝福各位欢乐、和谐成长！"

同学们面面相觑，都微笑了。在下午的班会上，我也没有说太多的话语，只是在保持同学们原有的好心情的基础上，微笑着对大家说："我提议，今天晚上回去之后，去读读《中学生日常行为准则》好吗？"

第二天当我到班时，意想不到的是，同学们已经换上了整齐的校服以饱满的精神投入到新学期的"成长"中了。

对于这件事的处理，我采取的是诱导的方式，保持好全班同学积极向上的心情，给学生一个微笑，深藏教育的魅力。

在我班曾发生过这样一件事：两名男同学同时喜欢上一名女同学，因此两人关系紧张，终于有一天两人在打球时发生了肢体冲突。事情发生了，作为班主任的我，面对这一帮处于"青春期"的孩子该怎样处理这件事呢？我在思索着。恰巧语文老师找了他们两个，询问没交作业一事，我假装不知道的样子，借此机会说："你们两个看着我的眼神，不想对我说些什么吗？"他们两个双目以对，闭口不言。上课的时间到了，我对他们说："先回去上课，什么时候想说了就过来找我，我随时欢迎。"第二天中午，那两个男同学一块儿来了，把打仗的前因后果说了一遍，但都不说出本质原因。我也不想完全点破，于是我说了三句话：第一，你们很有眼光，我很理解你们。第二，我很伤心，你们心中没有我，不但不说问题的本质，而且发生冲突的原因叫人瞧不起，好男儿志在四方，大丈夫何患无妻，看来，我也得好好反思反思，我工作的过失，导致你们冲突，我也感到我们还没成为真正的朋友。第三，送给你们一句话，在处理问题的时候要冷静，冷静，再冷静，等你们静下心来再找我谈吧。此时的孩子们都低下了头，慢慢地走出了办公室……

二、转化批评方式，正确引导，关注后进生

在班级中或多或少的会存在着后进生，造成的原因很多，他们所制造班级故事也特别多，如何发挥他们的特长，在为班级做贡献的情况下，能够让他们的心灵慢慢地转变，从而提升自己。我经历过这样的事情：记得一个周一早上刚走进办公室，在我的办公桌上，放着一副扑克，我顺便问了一句："这扑克从哪里来的？"其他老师说："你班的，昨天在寝室刘某、邢某等四人在把门眼堵上打扑克。"这时的我，心里一阵火辣辣的疼痛，又是他们寝，可以说该寝室是我们班的老大难，私接电器，熄灯后不睡觉，疯闹，早晨赖床，在寝室内用手机上网等，前几天张某家长还打电话要给孩子调寝，真是一波未平，一波又起。怎么办？把他们叫出来骂个狗血喷头？让他们的家长来吗？把他们赶回去？一系列想法出现在我的脑中但又被我一一否定了，理智告诉我，越是这种时候越要压住火气，这样的事件多发生在有厌学现象的学生身上，如何去对他们进行教育，应该是一件长期的事，但有一句话，我觉得是对的，那就是：观念引领行动，要勇于说声决不放弃。我把他们找来既没发火也没训斥，而是耐心地与他们交换思想。他们也诚恳地和我说出了想法，双休日别的同学都回家我们回不去在这待着闹心了，学又学不进去，想看个电视、报纸都没有，听着他们述说我心里也在想，我在班级管理中确实忽略了同学们的业余生活，特别是双休日，每天一味抓学习连休息日也不放过。自己念书时不也是吗，一到休息日能回家的都回家了，剩下的留校生特别空虚寂寞。打扑克虽然不对，但学生也不能成为学习的机器连轴转，他们需要放松，需要释放，老师没有给他们提供空间和时间。我对他们说："你们没有错，错的是老师，是我没有安排好你们的双休日生活，才导致你们在寝室打扑克。今天我给你们一个任务，回去每人给我写一个双休日学生生活安排计划，三天后交

给我。"我叫他们回去,他们都不敢走,心想怎么这就回去了。三天后我收到了他们的计划,我打开一看全是对这次错误的认识。我又把他们找来交谈,告诉他们:"你们是真的把老师的意思领会错了,我是真心希望你们为我做一个双休日留校生安排计划,这回给你们一个更大的任务,回去讨论决定如何安排咱们班级课余时间的生活,明天交报告,并由你们四人监督实施。"第二天他们真的交上了一个可行的报告:班内利用班费每天由通校生买两份报纸,供同学们课余时间读;午休由原来的自习改成看电视新闻"午间半小时",不爱看的可到操场体活动半小时;晚饭回来后到上晚自习课期间可以听音乐。双周休息:周五下午可洗澡两小时,上网两小时,晚自习回舍洗衣服。双周六全天上自习,周六晚上可在班内放一个电影。双周日上午自习,下午体活两小时,等等。看他们把生活安排得井井有条,之后我在班内做了宣布,并由他们负责监督实施,从那以后班级生活被他们安排得很好,同学生学着,累着,但快乐着。我又针对他们寝室情况进行了安排,到高二上学期末他们寝已被评为学校的"文明寝室"。

事实证明:针对学困生的兴趣、爱好、特长和心态特点,多方位多渠道地创设条件,形成良好的成长氛围,给差生以众多的"表现"机会,使他们自身潜在的才能得到充分发挥,使他们获得成功,转化工作一定会有明显的效果。帮助学困生认识自我,培养他们的自尊心,这只是转化学困生工作迈出的第一步,关键是老师要积极创设参与机会,扩大活动范围,让他们得到自我表现的机会,以期获得成功的欢乐,体验胜利的欣慰,消除自卑感,增强自信心。事实上,许多学困生智商并不低,甚至可以说是十分聪明的,只是他们的地位在班集体乃至在整个学校属于较低层次,在众多的场合下,没有"出头之日",许多潜在的才能得不到发挥,得不到表现。我班有位叫王艳丽的女生,学习成绩很差、每次考试都坐"红椅子"。一个偶然的机会,我发现她特别喜爱画画,很有些艺术天赋。于是,我专门委派她给班级黑板报排版、插图、设计刊头。去年,她设计绘制的一辐刊头画被《红蕾》报选中,赢得了师生的好评。成功的欢乐,极大地激起她的自信心,增强了在各个方面迎头赶上的勇气,在学习上她奋起直追,成绩很快由后进跃进中上等。

目前在各种奖励中,"五好学生""优秀班干部"等只有少数表现突出、学习成绩优异的尖子生才能受此殊荣，一般的学困生只能望"奖"兴叹，很少受到奖励。如何奖励学困生，激发他们的上进心呢？在实际工作中，我有意识地设立多种单项奖，故意"降低"一些项目的标准，使得学困生也有争取奖励的目标，重新燃起希望的火花，产生跃跃欲试的努力愿望。同时，我还有目的地发扬学困生的特长和"阳光点"，树立他们的自信心，激发自我教育的积极性，自觉地克服自身的缺点和错误，朝着好的方向转化，逐渐使"闪光点"变成"闪光面"，使学困生赶上来，甚至变成优秀生。如设立"雷锋奖"，奖励风格高尚、乐于助人的学生；"蜜蜂奖"奖给热爱劳动、刻苦学习的学生；"百花奖"奖给音乐、美术、体育等方面有专长的学生；"巧手奖"奖给小发明、小制作有成绩的学生等。

学困生也有优点，只是因为他们缺点多，优点往往被老师所忽视。教师要努力挖掘他们潜在的闪光点，帮助他们发扬优点，克服缺点、不断进步。学生都喜欢被表扬，学困生更是如此。平时注意对学困生以表扬为主，哪怕是一点微小的进步，也加以表扬，使他们感到老师的关注和期望。这样有助于他们全面认识和评价自己，增强学习自信心，鼓起上进的勇气。

学生的个性品质不是天生的，而是在后天环境中逐渐形成的。对"双差生"而言，他们主要受家庭、社会的消极因素影响较多。比如什么"读书无用论""不读书，照样能经商挣钱"等错误思想；还有部分"双差生"经过黄色书刊、音像的谬导，逐渐消沉、堕落，公开谈恋爱。还有部分后进生是由于家庭素质低，对子女要求不高或不愿意投资智力而致，使这些学生心灰意冷，丧失了对学习的积极性和主动性。当然，对极少部分成绩低劣的同学，是由于天资不好，或是生理因素或是贪玩好耍造成。诸如此类的情况都得摸清底细，才能对症下药。我在班级工作中，体验到很多后进生经常犯错误。但他们的本质主流是好的，多数是受某种错误观念的诱导，一时走错了方向，迷了路。他们都希望得到老师的谅解，给他们一次改过的机会。

他们的心理状态一般比较矛盾又复杂多变，他们常表现出孤傲，而心理却是自由的；有时他们犯了错误满不在乎，但内心却经常是忐忑不安；对学优生表现冷嘲热讽、鄙视和瞧不起，但内心却又不乏羡慕。当他们受到批评时内心表现得浮躁不安很难受；当他们受到表扬时，又会兴奋不已，得意扬扬。

总之，他们自我控制能力差，是非观念淡漠，免疫能力差，常会重犯错误。而每犯一次错误，就会涌现一次改错的希望。因此，对后进生的思想教育重在于关心、鼓励、帮助。多一分爱心，少一分指责。努力发现他们各自的闪光点，树立他们奋斗的勇气和信心。多方位调动每一位后进生的主动性，不断地使他们由消极向积极方面转化。

后进生的转化过程往往不是一帆风顺的，时常会出现反复，这也是正常现象，不能认为是教育的失败。作为教育者绝不能丧失信心，更不能放任自流。一定要"导之以行，持之以恒"。要正确对待学生的反复，坚持做好反复教育工作。对屡教不改者，仍要尊重、信赖，使他们能有机会改过。

总之，在班级管理的过程中，"事故"会层出不穷，作为班主任，只要能在尊重学生的基础上，根据学生的年龄特点，保护好学生的心灵，让学生能够健康快乐地成长，就算是合格了。

第十节　因材施教

培养教育人和种花木一样，首先要认识花木的特点，区别不同情况给以施肥、浇水和培养教育，这叫"因材施教"。

——陶行知

记得有个故事说：有一次，孔子讲完课，回到自己的书房，学生公西华给他端上一杯水。这时，子路匆匆走进来，大声向老师讨教："先生，如果我听到一种正确的主张，可以立刻去做吗？"孔子看了子路一眼，慢条斯理地说："总要问一下父亲和兄长吧，怎么能听到就去做呢？"子路刚出去，另一个学生冉有悄悄走到孔子面前，恭敬地问："先生，我要是听到正确的主张应该立刻去做吗？"孔子马上回答："对，应该立刻实行。"冉有走后，公西华奇怪地问："先生，一样的问题你的回答怎么相反呢？"

孔子笑了笑说:"冉有性格谦逊,办事犹豫不决,所以我鼓励他临事果断。但子路逞强好胜,办事不周全,所以我就劝他遇事多听取别人意见,三思而行。"

在我带第一届学生的时候,有一个叫 ZMM 的女同学,她运动素质特别好,但由于成绩不理想,中途她就弃上学了。为了让她重返校园,我利用休息日赶到她家所在的农安县某某乡镇,到那才知道,她家在某村,离镇里还有十六七里远,那时往村里根本不通公共汽车,也没有任何出租车,我只好步行两个多小时才到她家。可能是我的真情感动了她和家长,她又重新返回了课堂。其他老师都说我,她不爱学习,你把她找回来干什么。那时高考的升学率极低,按她的成绩不可能考上大学,但我总觉得既然上了高中,我的学生就不能掉队,由于她热爱运动,我让她做女体委,那一年县里召开运动会,由于她百米成绩出色,被省体校选中,进入省女子某某项目队,后进国家女子该项目队,1994 年 10 月,在第十二届亚运会女子该项目个人赛上,获得亚运会奖牌。现在她在国家某机关工作,她多次表示:"如果没有老师鼓励,我不会有今天。"

我们班有一名叫 SMM 的同学,家住内蒙古大榆树,达斡尔族,由于汉语水平不太好,基础知识不扎实,对高考感到无望,加之家庭有经济困难,念完一年高中就产生了弃学的念头。针对他的情况我多次找他做工作,让他坚持念完高中。我觉得高中教育不只是升学,重要的是改变人的世界观、人生观。我安排他做班级的劳动委员,让其他同学多关爱他,由于他踏实肯干,乐于付出,很快赢得了同学们的拥护,最后一年还当了班长。尽管他没有考上大学,但凭借高中的文化基础和良好的道德修养,他在中俄贸易中大展宏图,现在有了自己的公司和矿山,在 2008 年汶川地震和 2010 年玉树地震两次自然灾害中,他分别捐款 50 万元。

虽然学生的天职是学习,但我从不把学习成绩看成是评价学生的唯一标准。工、农、兵、学、商,各行各业都需要有人做,如果老师仅仅把教育的功能定位为提高学生学习成绩,那就错了,真正的教育是要培养学生成为一个堂堂正正的人。

面对不同的学生,我采取不同的方法。我教的 YMM 同学由于小儿麻痹后遗症,腿上有残疾,上高中后由于年龄的增长,想问题越来越多,一度感到前途无望。我一方面推荐他看《钢铁是怎样炼成的》，让他写读后感，给他讲张海迪、贝多芬等人身残志坚的事迹，帮助他正确看待自己的未来，鼓励他报考医学院校。另一方面，我找同学谈话，教育他们不应歧视身体有残疾的同学，利用各种机会让他表现，给他树立信心。后来他考上了长春中医学院，但毕业后由于身体原因一直没找到工作，有段时间一直在黑水路用残疾车拉客谋生。在他最艰难的时候，我又和一些同学鼓励他自主创业，最终在一位温州商人的投资下，他开了一家减肥医院，现在事业有成，被评为吉林省十大杰出青年，并于 2008 年当选为吉林省政协委员，现在又建立了"树忠关爱残疾人基金"，积极为社会做贡献。一个人的能力有大小，地位有高低，只要他有良好的精神，有一个坚定的信念，就没有做不成的事业。

第十一节　要教育好学生首先要沟通好家长

没有家庭教育的学校教育和没有学校教育的家庭教育，都不可能完成培养人这样一个极其细微的任务。

——苏霍姆林斯基

现在的学生中独生子女的比重占绝对优势，面对他们身上所具有的自私、任性和个性张扬、渴望体现个人价值、迫切要求成材的特点，我也同样体会到班主任太难当了。打个比方，我觉得：班级就像是一台大戏，以前班主任老师就是这场戏的导演，但现在是既得做导演，又得当剧务，还得做演员，要根据每个演员、每个场景的不同特点，采取不同的方法。要针对学生的不同情况，扮演好不同的角色。老师们不是这样戏称班主任么：班主任对待学生要像亲娘一样关心，像后娘一样狠心，像干娘一样热心，像丈母娘一样偏心。这样的提法，虽然有点玩笑的味道，但其实质，无非就是说，要亲近学生，研究学生。是啊，班主任不是统率千军万马的大将军，只是几十个孩子的"孩子王"，这就决定了当班主任在不能运筹于帷幄之中而决胜于千里之外，除了和学生摸、爬、滚、打在一起，走进学生的心灵世界，接触到学生的真实思想，还要与家长建立密切联系，从而真正架起一座教师、学生、家长三方面互相配合、共同提高的桥梁。《三字经》言："养不教，父之过，教不严，师之惰。"从古人的训诫当中我们可以感悟到家庭教育和学校教育的密切关系。可以说，在整个人类的教育活动中，先有家庭教育而后才有学校教育。由于现代家庭环境的特殊性和复杂性，直接造成在校学生的差异与区别。对学生的全面教育是时代的要求，也是学校的要求，所以和家庭建立适当的教育合作关系的意义重大。

我与家长沟通的方法是多种多样的，定期家长会，电话交流，与家长通信，建立班级家长群和传统的家访。这些年我利用寒暑假和十一、五一等节假日家访，了解学生的性格和家庭情况，与家长沟通，有针对性地做好学生的思想工作。家访是我与家长联系的重要渠道，是加强学校教育与家庭教育相结合的重要途径。家访能够起到融洽感情、增加理解配合工作，共同教育好学生，从而提高教育质量的作用。

2001届毕业的CMM，在高一年级时曾是令老师头疼的学生，经常和校外的一些无业青年交往，给班主任增加了很大的工作难度。在高二文理分班时，他被分到了我们班。这个同学在平时的生活中很讲"义气"，因此在同学们中间很有人缘。刚来到我们班的时候，我安排他做了卫生委员，刚上任时非常认真负责，可是，十一过后就开始懈怠了，上课睡觉、说话、不认真学习、作业基本上都不能按时交。后来的一个多月里，他还经常找各种借口请假，午休也不回来。我对他进行过常规的说服教育，他的抵触情绪很大，基本没有什么效果。后经深入了解才知道他与旅游学校的一个女孩交往密切，已处在热恋期。十一放假，他还去了女孩家里，但被女孩家长发现，双方家长沟通之后开始对他们施加压力，这样一来他们就更加逆反了。特别是放假寒假之前的一个月，他的情绪非常不稳定，经常有迟到请假的事情发生，同时又跟家长闹矛盾。家长也是束手无策，我在学校也是想尽办法，让他暂时平稳地参加完考试。1月末，为了能够跟他进一步的交流，同时也为了了解他家长的态度，我在放假前给他提了一些要求，并决定去他家里进行家访。他当时没有什么大的反应，以为我只不过是说说而已。

放寒假的第三天，我就开始了家访行程，第一站到梅河，然后转到柳河两个学生家，到通化后本想直接去他家，但我觉得刚放假，他的情绪可能还没调整好，现在去效果不好。因此，我在临走前给他打了个电话，说我已来通化了，本想最先去看你，咱们好好聊聊、玩玩，但考虑的你现在情绪还不太稳定，我决定先去白山，等过完春节，我一定再来。希望到时候能看到一个阳光、快乐、懂事的你，同时也希望你记好假期日记，春节过后我来检查。

正月初八我给他和他的家长打了电话，表示要去家访。正月初十我乘夜车去了他们家，出火车站时他和他的父亲来接我。到了家里后，我没有直接开门见山谈他的问题，而是检查他的日记和作业，然后让他领我到市内转转，我们边走边聊。他也给我当起了向导，介绍这，介绍那，我们完全不像师生，而像是一对朋友。当他了解到我为了省钱没做卧铺而是坐一夜硬板来到他家时，我明显看到了他脸上表情的变化。我本想在外边请他吃饭，但当时处于春节期间，饭店大都不营业。晚上在他家吃饭时，我了解到他的父母生他的时候年纪都比较大了，因此对他非常的溺爱。父母又都是单位的干部，很要强，平时对他的要求又很高。这样既溺爱又苛求，让他跟父母有了矛盾，父亲经常被他气得血压居高不下。

席间我跟他们说的多是孩子的优秀表现和潜质，但我也从一个长者，甚至从一个朋友的角度，对他的情况进行了分析，给他指出了应该怎样去做，希望他能做一个有责任心的人。同时，我也表示在新学期继续让他做卫生委员，希望他能继续为班级服务。他也对家长和我表了态，答应尽力去克服改正。晚上他家为我安排了很好的宾馆，但我坚持要和他睡在同一张床上，通过这种方式，我们又沟通了一夜，谈班级、谈同学、谈理想、谈未来。通过这次家访，不但加强了老师和家长的沟通，也加深了我与学生之间的友谊。

开学后，他完全像变了一个人，工作、学习态度明显积极了，还制订了班里的卫生值日表，各科任课老师也都说他这个学期有进步了，以后我再批评他时他也都能愉快地接受。可见家访起到的效果是其他手段根本无法替代的。

这些年在我教过的学生中，有一半以上我都进行过家访。经验告诉我：家访过程中，老师要嘴下留情，对学生的成长过程中出现缺点错误，该谈的要谈，该批评要批评，但主要目的是加深师生友谊、加强与家长的沟通，形成家长、学校共同育人的氛围。

2004 届毕业的学生吉某，性格内向，不爱与别人沟通，上课经常走神。我多次找他谈话，但他很少表达自己的情感，两次家长会也都没见到他的家长出席，问原因他也不说，我以为是父母离异。2002 年寒假我决定去家访，到他家后才发现只有一个 70 多岁的奶奶在照顾他。原来是他家中出事了，他本有一个和谐温暖的家庭，父母承包一个县城到农村的小客车，效益很好，后来受到当地有势力的同行的暴力排挤，打斗中造成他人受伤害而被通缉，夫妻双双逃走。了解这些情况后，我的心情也很沉重，要挽救这个学生必须解决根本问题。当时我班正好有一个学生家长在该市某机关工作并担任领导职务，我把这一情况反应给他，希望他能帮助这个孩子，把这事按法律途径公平解决。在多方努力下，受同行暴力排挤的事情得到了法庭的公正裁决，吉同学逃亡四年的父母在承受应有制裁的同时也回到了正常的生活。吉同学也终于开心地笑了，最后他考上了省内一重点大学，现在做软件开发。

三十年来，我没求过任何一个家长为自己做任何事情，但为了解决学生家的困难，我多次求过家长。我觉得只要是对教育孩子有利的、对学生成长有帮助的事我都愿意去做。

家访中我不但解决学生的问题，我也多次解决家长的问题。2003 年我到某市家访，由于提前打招呼说这几天要过去，可是到了第三位同学家里时发现这家气氛不对，后来得知两口子正在闹离婚，男主人是该市某局局长，应酬较多，女主人又疑心较重，想离婚又都顾虑重重，不离婚又各不相让，我经过了解认定是双方缺乏沟通。为了教育好孩子，我先教育起了家长，我把历史上我知道的夫妻相敬如宾的案例和和谐家庭对孩子健康成长的必要说给他们，给他们不但上了教育孩子的课，也上了如何处理好夫妻关系的课，从那以后我班的家长会，我不但讲学生，更多的是培训家长如何教育学生、如何处理好自身的夫妻关系、单亲家庭可能会对孩子造成怎样的伤害。我希望家长明白，夫妻不是靠爱情维持的，心理学研究表明爱情只能持续 270 多天，爱情不转化为亲情，责任婚姻早晚会解体。对该同学家长我也是多次耐心劝导，有一次发生矛盾，女家长跑到我家住了几天，希望借此让丈夫难堪，但我知道他们夫妻关系根本没有破裂。教了三年孩子，我也是教育了三年家长，随着年龄的增长，现在他们夫妻关系很好，孩子考上了某重点名牌大学，现在工作环境也非常好。

这些年的班主任工作，我接触了很多离异家庭的孩子，我深知家庭不和会给学生造成多大的伤害。因此，改善学生家长的家庭关系也成为我的工作范畴，搞家长培训成了我的一个爱好，这些年我也确实挽救了很多家庭。2008届曾有一男家长被我做通工作后，向夫人跪地认错，双方都已放弃不管的孩子又重新得到家的温暖，最后孩子考入某名牌院校。

实践证明：学生欢迎家访，家长盼望家访，教师的工作需要家访。家访可以增进师生友谊，促进相互了解，激发学生学习的动力。能使学生更亲近教师，从而激发积极向上的决心。达到教师与家长共同教育学生的目的，起到其他联系形式所起不到的事半功倍的作用。同时你也会感到做"人类灵魂工程师"的乐趣。

第十二节　班主任要有爱心、耐心、细心、恒心

> 播种一个行为，你会收获一个习惯；播种一个习惯，你会收获一个个性；播种一个个性，你会收获一个命运。
>
> ——菩德曼

1994届我带的毕业班有一个叫 WH 的同学，家在农村，母亲早逝，父亲还有病，他人很聪明，但学习习惯不好，后来又迷上了打台球，以至逃课。进入高二，他父亲又去世了，由于他不爱学习，哥哥和嫂子结婚时又欠了不少外债，所以哥哥和嫂子决定不供他上学了。面对这种情况，我发动同学，每人每月捐一块钱，我一个月再补助 5 到 10 元，勉强帮助他念完高二，但他逃学上台球厅的毛病依然不改。有时我也很痛心，都这种情况了，他怎么还不知道用功。高三开学时他没来报到，让其他同学捎信说不念了，我当时也犹豫，若念，高三费用怎么办，如果他能改好，也不白

搭，如果继续混日子，大伙白费劲。经过一周的思想斗争，我决定还是把他找回来。我利用周日休息的时间到他家做了次家访，他家情景叫人心酸。他住在他哥家，两间茅草房，屋内没有一件像样的家具，窗户上堵着塑料布。他哥哥和嫂子说不是我们不供，实在是供不起，他父亲治病借的债还没还上。王辉也落泪了，他说他知道愧对老师和同学，但一想起家中的情况就闹心，坐那学不下去。面对此景，我没太多的话语，只是说要想改变命运你就跟我回去，其他事情你不要想，有老师在，就有你吃的、用的。回来后，我发动全班同学做他工作，使他顺利完成了高三学业，并考上了吉林金融专科。

热爱学习的同学往往有相同的特点，但不爱学习的学生各有各的理由。我教的一个叫王福有的同学，学习成绩中等，但不知什么时候迷恋上了气功，并且拜了师傅，在寝室里练，在班级也练，上课时闭着眼睛还练，还说他头上能发出佛光，多次谈话也没解决问题。最后练到不来上学了，看他这份折腾我是又好气又好笑。为了教育他，逼得我开始看一些气功书籍，买司马南的揭露伪气功书籍、找历史上揭露迷信的典故，我自认为能说服了他以后，决定去他家里做他的工作。他的父母看我去乐坏了，我也信心满满。但是，第一天的努力以失败告终，因此我当天没回来，就住在他家里，他母亲半夜两点不到就起来给我做早饭，第二天我还是失败了。看着他父母焦急的样子我并没有放弃，回来后我又继续找资料、想办法，前前后后一共去了四次，同事们都笑我，说刘备请诸葛亮只不过三顾茅庐，你请了四次终于把他请回来了。后来他考入了长春交通警察学校，现在做一名交警，气功、鬼神什么的也早就不信了，并且发展得很好。

2004届我有个叫WMM的学生，他很聪明，但贪玩迷恋上网，进入高三后第一次模拟考试成绩很不理想，为了教育他，我没少与他谈话，但都不起作用。2004年4月6日我决定给WMM写一封信："现在是凌晨三点十分，我睡不着一直在想你近来的表现，我坐在电脑前，给你，我最爱的学生写我的心里话。WMM，这学期你怎么了？学习松懈、作业不写，高一时那个乐观的吴涛去了哪里？在攀登学习之巅的旅程中，如果你选择了放弃，选择了退却，那迎接你的又怎么可能会是站在山顶饱览美景的结果呢？你知道吗，成功的人之所以成功，就是因为他们在别人遇难而退的时候，选择了进，人的一生与历史长河相比，真的只是一瞬。我一直有这样一种想法，我们既然已经来到了这个世界，那就好好活一回，活得比别人好，活出别样的精彩来，你也可以做到的。因为我爱你！我期待你的长大！"这封信改变了他的态度，从那以后他一直很努力，最后考上了吉林大学。

近几年由于办公室人多，和学生交流不太方便，我就和学生建立联系册，YMM 是我 2008 届的班长，进入高二时总是请同学出去吃饭，后来谈恋爱入迷，几乎放弃学习，家长干预也收效甚微。为了唤醒他，在一次重感冒后我在联系册上写道："今晚，我感冒，鼻塞、喉痛、咳嗽，还伴有高烧，上完晚课回来已是 8 点了，我坐上一辆出租车直抵学人书店给我最爱的学生——你，买一本可以唤醒你心底深处潜能的书，现在已经十一点半了，我明天要把书和交流手册一起送给你。"他接到书，并看到了这段文字后很受感动，终于下决心努力学习。

第十三节 终生教育

无论在学校里对学生进行的教育内容多么丰富，目的多么明确，这种教育不应随着发给学生毕业证书而告结束。

——苏霍姆林斯基

学生毕业了，但老师的职责并没有就此结束，我关注的不仅是学生三年的发展，而是他的终身发展。我有一学生 P 某，当上了某市建行行长。在一次聚会中，我发现他的语言和行为已经开始庸俗化了，如若继续发展，后果不堪设想。聚会结束后，我把他单独留下，在宾馆里我们进行了彻夜长谈。我把别人不能说的话、不好说的话、不爱说的话、不敢说的话都说了，我像当年一样，照批评不误。我没把他当成领导，只是当成学生，我把他寒门子弟的老底揭个透，当年的努力奋斗不是为了今天的享乐，要抛开名和利，多做点实事，难道你就不能走出"天下熙熙皆为利来，天下攘攘皆为利往"的怪圈。人的幸福不在于他拥有什么，而应看他做了什么，当年缺衣少穿不也非常快乐吗？我又与他聊了很多历史上清廉为官的例子，最后告诫他一定要恪守原则，出淤泥而不染。同时，我安排他读《论语》、学国学、看历史，我还送给他一些历史类的"快餐"书，希望他能够以史为鉴。过了没几年，他们那个地区因为贪污腐败，一大半的地方领导和几乎所有金融机构的领导落马，而他是金融系统唯一的幸存者。后来聚会谈及此事他倍加感激。

我教的学生 SMM 在某省级资产上市管理部门当一把手，手中握有很大的权利，有人戏称，他一句话就能让你的公司上市。他本人也在同学、朋友面前飘飘然，聚会时说一不二，连同学都不敢呛着他说话。看到这种情况我当时就不高兴了，我说我今天布置作业你还能不能完成，他表示老师的作业一定完成。我说那好，今天你若能答上就不必回家完成，若答不上，就下次聚会时再交卷，让在场的全体同学见证。我的作业是：全国与你担任同一职位的有多少人？干到届满的有多少人？栽跟头进去的有多少人？提升的有多少人？平安退休的有多少人？当时他就答出了第一个问题。过半年多再次聚会时，我向他要作业，虽然他没拿出书面作业，但大体上掌握了我所要的数据。同时他也感到如不加强修养，洁身自好，后果很可怕。借着这样的机会，我也跟本届同学约定，任何人不得贪图利益，求他办任何违规的事情，如果还是同学，你们就多敲打他、提醒他，你要奉承他就是等于害他。

第十四节　家长来信

如果我们有着快乐的思想，我们就会快乐……用快乐、乐观、豁达的胸襟去面对人生吧，我们的人生就永远是快乐的。

——卡耐基

尊敬的实验校领导：

我是二年十一班学生的家长。2005 年，我儿子有幸来到实验校就读，转眼间快一年了，孩子走过了他人生中最关键的转型期，回顾一年来的学习和生活，我有着太多太多的感动。

对我来说，2006年5月7日0点26分是一个揪心的时刻。儿子深夜来电，说胃痛得特别厉害，坐卧不安，大汗淋漓，可不巧的是，我正在武汉出差，怎么办呢？一想到儿子病痛难忍，又时值深夜，我急得心都要碎了，恨不得飞到儿子身边替他分忧解难！可急归急，冷静下来，我想到了他的班主任谭老师，我也知道他平时上班辛苦，对我的孩子付出了太多太多，深夜打扰他有些不妥，但实在是急得没办法，我试着给谭老师拨打了一个电话，说明了情况。令我感激万分的是谭老师在电话中安慰说："您别急，我马上送他到医院治疗！"0点54分谭老师发来短信："我和生活老师陪孩子已在去中日联谊医院的路上……"我一颗悬着的心稍稍放下了，1点29分，谭老师又发来短信，说病情不严重，是肠炎，吃点药就好了，并在短信中强调，家长可以不来学校。

儿子能得到及时的医治，多亏了谭老师、生活老师冯老师、校车司机（校车司机一直在医院陪着），让儿子在校外感受到家一样的温暖。对几位老师细心周到的照顾和无微不至的关怀，我真是感激不尽啊！

这使我想起儿子在实验校一年来的成长经历。儿子初进外校，要适应高中生活，高一年级的老师们付出了太多太多。班主任谭老师既是师长，又是他的心理医生，教他怎样调节情绪，怎样面对挫折，怎样与同学们相处……给了儿子无私的帮助。用儿子的话说："谭老师的每一句话都是他心灵的鸡汤。"

像谭老师这样的良师益友在实验校还不止一个，各科老师我都可以举出一些实例，在此就不一一列举了。我深深体会到，实验校的老师们尽职、尽责、敬业，是一支优秀的教学团队。

我想，实验校之所以有这样一只优秀的教学团队，是因为实验校有着尊重的教学理念，有"一切为了孩子，为了一切孩子，为了孩子的一切"的校训，以人为本是实验校最大的亮点，学校在教学中，不仅是关注学生的成绩，也在注重学生身心健康成长。比如，学校为了学生的安全，设有严格的保卫措施，为了管理好学生的生活，学校设有专门的生活老师……由此可见一斑。

在此，再次感谢那些关爱学生的老师们！

高二十一班学生LH家长

第十五节　我的文章

一、爱心·耐心·信心——转变后进生工作漫谈

只有能够激发学生去进行自我教育的教育才是真正的教育。

——苏霍姆林斯基

通常，我们称那些在品行或学习方面暂时落后的学生为后进生。他们虽然为数不多，但因常犯错误使学习落后，给班级管理带来许多不利影响。因而做好后进生的转化工作是班主任教育管理班集体的重要组成部分，也是最艰巨、最具反复性和长期性的工作，而这一工作成败不仅关系到一个集体的荣誉，更为重要的是，它关系到学生个人前途问题。那么，如何做好这一工作呢？我在班主任工作中采取了"爱心·耐心·信心"的措施，具体做法如下：

1. 用"爱"去融化学生心灵的坚冰

教育技巧的全部奥秘就在于如何爱护学生。教师的爱应该给予班里的每个学生，不应仅对优秀生关怀备至，而对后进生不闻不问。由于种种原因，后进生往往对教师有疑惧心理和对立情绪，对老师时时戒备，处处设防，甚至恶言相向。古言云："亲其师，才能信其道。"只有消除师生之间的情感障碍，达到心理相容，学生那紧闭的心扉才可能向教师敞开。而要做到这一点，教师就要给予他们更多的温暖、更多的关怀，用师爱去融化他们心灵的坚冰，点燃他们心中自尊和进取的火花，引导他们一步步上进。

班里有位双差生潘某某，去美国留学一年被遣送回来，由于受到家庭和环境的影响，入学不久就在班里称王称霸，稍有不顺就使用拳头，学习也上不去，分文理班之前原任班主任也对他做了大量的思想工作，采取了严厉的措施（警告处分）等，但他依然如故。面对这么顽固的学生，我在关注着他，寻找突破口。机会终于来了，一天中午，我发现他心神不定，

马上关心地问他是身体不舒服还是有别的事。他假装身体不适，我也不揭穿他，领他到师大医院看病，中午请他去二食堂吃饭，席间与他闲唠，原来他因一件小事和别的班级同学发生口角，并约好吃过午饭就到校外去打架。我很焦急，饭也顾不得吃，立刻带着他去找另外几个想和他打架的同学，做双方的思想工作，并且晓以利害：打架的结果是伤害自己。轻者，学校给处分；重者，性命难保。作为老师，我不愿意看到我的学生受到伤害。在我的劝告之下，他们终于握手言和。后来这位学生找到我说："老师，你是真心关心我，我以后不会再打架了，不然，太不够朋友了。"我居然和他成了朋友，趁此机会，我鼓励他积极为班级、学校做事，努力把学习搞上去。之后，他果真有了很大变化，虽然有时还是受到诱惑，但我始终关注他，同时安排同学为他补课，他的学习成绩在逐步提高。平时，班级的桌椅、拖布坏了，他会修理；学校举行大合唱比赛，他会帮助布置会场；班级劳动，他拣最脏最累的活干……还是这位学生，中午他会到老师的办公室问："老师，我能帮你做些什么？"我真的好感动。他的转变再一次证明了，做后进生的转变工作，靠机械地说教、批评往往收效甚微，它需要教师把爱的情感投射到学生身上，才会引起他们心灵的共振和行动上的回报。

2. 用"耐心"去培育学生坚强的意志

对后进生，仅有爱心是不够的。它还需要细致入微的耐心和坚持不懈的恒心，才能取得成效。因为后进生也有上进求好的愿望，但缺乏毅力和自制力，在进步过程中，往往经受不住外界不良的影响而出现反复。而班主任对后进生在前进过程中所出现的反复，要以最大的耐心冷静地帮助他们分析原因，鼓励他们继续进步，同时，依靠班集体的力量及家长配合进行转化工作。我在任班主任时遇到这样一个学生黄某某，是个留级生，学习成绩差，抽烟喝酒、乱花钱，前任班主任及家长都对其严厉管束，但效果不佳。怎样去帮助这个学生呢？经过了解，知道他爱好文体活动，曾经获得"校园十大歌手"称号，绘画基础很好，同时还是学校篮球裁判、篮球队员等，是个多才多艺的学生。我想到了教育学上的德育原理：要一分为二地看待学生，利用其优势克服其缺点。首先，我肯定了他的多样才能，发挥出来会为班集体增添不少荣誉；同时指出，他的不良习惯发展下去会违反校纪，学习再跟不上只有退学这一条路，引起他对学习的重视。在实际工作中，我安排他做了体育委员，代表班级参加了演讲比赛、篮球比赛等。他的工作积极性被调动起来，在这基础上，和他家长联系，限制了生活费用的使用，安排同学为他代管生活费，安排学习优秀的同学为他补课，检查、督促他的学习，一个学期过去了，他由一个考试五门不及格的学生进步到门门及格，抽烟、乱花钱等现象在同学的监督下逐渐减少，而且在演讲比赛等活动中有了出色的表现。通过这一学生的转化，我感悟到了，帮助学生改变缺点，需教师的长期努力，要反复、细致地做学生的思想工作，同时加以严格要求，用教师的耐心和恒心，促其养成坚强的意志，才能使学生的毛病标本兼治。

3. 捕捉后进生身上的闪光点，帮助学生树立信心

后进生虽然缺点多，但他们也同样希望受到师生的尊重和老师的表扬。因此，教师要善于捕捉他们身上的闪光点，在他们取得进步、获得成功时，及时肯定、衷心祝贺，借此增强其自尊心，确立其自信心，强化其正确行为，并促使其将这种优势或进步迁移到其他方面，对后进生提要求须经过慎重周密的考虑，循序渐进地一步一步提出，使他们每前进一步都能产生成功后的情绪体验，在精神上得到满足，从而使他们更加满怀信心地去实现老师提出的更高要求，如此不断深化，将逐步变后进为先进。我所带的班里有个学困生黄某某，是个胆小而羞怯的女孩，她的学习方法不对，每次考试她的成绩都排在最后。她的自卑感很重，因为成绩差，她以为老师和同学都看不起她，班里组织什么活动她都采取逃避态度，对人很冷漠。一次段考过后，我组织全班同学上讲台当众总结自己半个学期的学习、纪律等方面情况，轮到她，她人还未走到讲台，就"哇"地大哭起来，从她的哭声里我看到了希望，她并不是自甘落后，她也懂得羞愧，也懂得自责啊！她需要老师和同学的关怀，需要的是自信。于是我找她谈心，了解到她的手工做得相当好，适逢学校正在举行做手工迎校庆活动。我让她精心做了一个灯笼给全班的示范，并安排她辅导和帮助手工较差的同学完成任务，她做得很好，脸上放出了前所未有的光彩，趁此时机，我在班级工作总结时表扬了她。过后找她谈心："手工作品那么复杂，你都能做好，证明你很聪明，相信你在其他方面也一样能做得出色。"她看着

我点头。接着我再指出她学习方法不正确,平时听课不专心,课后又胆小不敢请教老师和同学,造成不懂的内容越积越多才出现学习成绩差。于是我安排了一个学习成绩最好的同学为她补课,当她取得初步进步时,我及时鼓励她,在课堂上,我也有意识地向她提出一些问题,由浅入深,以锻炼她的胆量,坚定她的自信。经过努力,她的学习有了显著提高,胆子大了,开始表现出自信,在最近的一次班级演讲赛上,她以镇定的神态、流利的表达获得了同学们鼓励的掌声。她的转变也再一次说明了后进生身上也有闪光点,关键是教师如何去发现、去把握,并以此为契机鼓舞其志气,树立其信心,帮助他们走向成功。

对后进生的转变,是一项长期而又反复的工作,它需要班主任用爱心、耐心和信心去关注他们,同时,他们是集体的一员,更应发挥集体的教育作用。这样班主任一人的力量就可以转化为班级几十位同学的力量,因为同学之间是同龄人,他们有更多的共同语言,更为熟悉各自的真实品行,更为直接地关心、帮助,必要时进行监督。因此,培养团结向上的班集体,也是影响班级后进生的有效途径。转化后进生更需要学校各部门统一协调各种教育力量,创造和谐的教育环境促使他们战胜昨天的挫折,迎接明天的挑战。

二、抓学风建设——用爱雕琢后进生

自我教育需要有非常重要而强有力的促进因素自尊心、自我尊重感、上进心。

——苏霍姆林斯基

我们做教师的可能都有一种倾向:喜欢听话的、分数高的学优生,反感那些整天淘气惹事、成绩不好、错误不断的后进生,因为转化一个后进生比培养一个尖子生更要花费时间和精力。后进生作为现代"教育病理"的最明显的征兆之一,已成为教育领域的一大社会问题。后进生过去有,现在有,将来还会有。帮助每个孩子成功,是教育的根本目的,也是广大教育工作者的共同愿望。因此,了解对后进生进行思想教育的方式,是十分必要的。

人的认识总是带有感情色彩的,情感在思想交流中起着极其重要的作用，是教育者与受教育者思想沟通的心理基础。教育者与受教育者感情融洽，心心相印，彼此能深刻地理解对方的思想，就会提高思想教育工作的心理效益。而如果教育者与受教育者在情感上存在隔阂，存在对立情绪，就难以理解对方的思想，难以接受对方的意见、建议，甚至产生误解。因此，要针对后进生的个性差异，因材施教，对症下药，使其产生积极的情感体验，收到良好的思想教育效果。

【案例】

学生：刘闯（男）

家庭成员：无固定工作的爸爸；在他六岁时与其父离异至今未与其见过面的母亲；患糖尿病失明的奶奶。

家庭情况：收入很高，爸爸长期在外地搞房地产；家庭成员由于结构残缺和文化水平低，对其很少进行指导和教育。

该生特征：心事重重，有仇视社会倾向，学习不能集中精力，成绩一直在班级中下等水平徘徊，没有大的起色。

教育过程：对他家具体情况的详细了解还是在高一的最后一次家长会；当时他的亲戚来替他父亲开家长会，向我反映了刘闯学习不刻苦、迷恋游戏机等情况。我还没来得及与刘闯同学谈话，他就和亲戚大吵了一场，差一点动了手。针对这种情况，我多次找刘闯同学谈话，刚开始他不愿意和我交谈家中的情况，我开始旁敲侧击引导他，后来终于给我说了他的心里话。他说了很多理由，认为他爸爸不喜欢他，妈妈已经不要他了，他感觉自己没有家庭的温暖，没有三口之家的幸福，说起了小时候爸爸妈妈多喜欢他，因为他很聪明，总能带给他们惊喜与骄傲，说着说着伤心地哭了。开始我只是倾听，等他诉完了苦才开始开导他，帮他分析他是否真的失去了家人的爱，同时我多次与他父亲沟通，共同关爱他，制定教育方案。

1. 找"亮点"，多鼓励，因势利导

应该说他的闪光点不多，我就用我的眼睛去发现美，发现他身上的闪光点，哪怕是微弱的一点，也要千方百计发掘出来，以此作为转化他的"起步点"。一旦发现他有了点滴的进步，我就"小题大做"，公开表扬，以此作为他转化的"立足点"。像春不吝啬风、夏不吝啬雨那样，不时地夸奖他，帮助他树立信心，调动一切积极因素，因势利导。利用他爱面子的特点，在班内给他赚面子的机会。

2. 多关心，不歧视，培养自信

对他的热情关心和真诚期望来激励他的激情。作为班主任，我捧出一颗爱心，对他真诚关心，热情爱护，尊重他缺点，不歧视，不挖苦，真诚地跟他交朋友，用博大的爱心，取得他的尊敬和信任，帮助他们树立信心、弃旧图新。作业不会做，我个别辅导；他病了我给他买药；有一点进步，就表扬、鼓励……并在他生日那天悄悄安排班干部给他开生日晚会。我告诉他："树的方向靠风掌握，人的方向要自己把握。"

3. 抓反复，反复抓，坚定信念

由于他的自觉性和自制力较差，使得他的进步总是螺旋式上升，所以我对他的教育就是抓反复，反复抓。在抓反复过程中，我力争预见他反复地实践，有计划地培养他的自制力，帮助他走出低谷。既允许其反复，又鼓励其进步。在反复抓过程中，在他有进步时我不陶醉，在他旧病复发时我不灰心丧气，坚定信心，抓住他的悔过心理，继续做好耐心细致的思想教育，不断地激励鼓舞他。

4. 宽严相济，批评有度

对他的错误行为和缺点，我多宽容，但从不纵容，仍严格要求，对他的不良品行习惯，该批评我就批评。但我注意批评方式，避免不当的教育方使其是产生逆反心理，我从不用"挖苦式"。一是我从不每日反复唠叨同一件事。二是我批评不算总账，就事论事，点到为止，我从不无限制地上纲上线。三是批评有度，注意分寸，避免引起他的抵触情绪，不让他过于难堪，不得理不饶人。四是我注意批评的时间、地点、场合，尽量做到不公开批评，无意做错事不批评，做错题或回答错了问题不批评，在家长面前不批评。

滴水穿石，只要我有持久的耐心，有足够的爱心，并随时注意教育的艺术和方式，我想他就不会再落后。

教育效果：经过一学期的努力和实践，刘闯同学渐渐地能体谅父亲的苦心，原谅母亲的过错，在今年母亲生日的那一天，第一次给母亲打了电话。学习成绩也有所上升。

三、如何做个好老师

要是一个人的全部人格、全部生活都奉献给一种道德追求，要是他拥有这样的力量，一切其他的人在这方面和这个人相比起来都显得渺小的时候，那我们在这个人的身上就看到崇高的善。

——车尔尼雪夫斯基

2014 年 9 月 9 日，时值第 30 个教师节来临之际，习总书记来到了北京师范大学与师生代表座谈并发表重要讲话。号召全国广大教师做有理想信念、有道德情操、有扎实知识、有仁爱之心的好老师，在教育系统广大干部师生中引起热烈反响。总书记的讲话高屋建瓴、内涵丰富、思想深刻，为全国广大教师带头践行社会主义核心价值观，提高教书育人水平提供了行动指南。

凡事均要追根溯源，而教育的根源就是教师。毛泽东同志所言："教育的问题最根本的是教员的问题。"教师是立教之本、兴教之源，好老师更是亿万家庭的寄托，民族国家的希望，但如何做个好老师，是值得每个老师认真探求和思考的问题。

好老师要有高尚的师德。高尚的道德情操是成功教育的重要条件，如孔子所云："其身正，不令而行。其身不正，虽令不从。"好老师不仅要做经师、做能师，更要做导师、做人师。好老师要注师能，塑师魂，淳师风，扬师德。在社会处于转型期的今天，人生观、价值观的多元化要求好老师一定要守住自己的魂，扎牢自己的根，静下心来教书，潜下心来育人。做到行为示范，以德施教，言行一致，表里如一。好老师教师必须是一个"模范"的人，有"人格魅力"的人。

好老师要有敬业精神。人们常用"春蚕到死丝方尽，蜡炬成灰泪始干"来讴歌折射老师不求索取、甘为人梯、无私奉献的精神。教育要真情付出，没有真情奉献，就谈不上成功的教育。好教师用自己的青春韶华默默耕耘、无私奉献，用自己的毕生精力关注、了解正处于人生黄金期的莘莘学子，可谓"青青子衿，悠悠我心"。

好老师要有责任感和使命感。好老师应时刻牢记"天下兴亡，匹夫有责"的道理,把自己的工作同国家的命运、民族的前途联系起来把自己的生命放在学生的生命里,把自己和学生的生命放在大众的生命里,不怨天尤人,不得过且过,不靠金钱而振作,有鞠躬尽瘁、死而后已的决心,把为我们的民族创造伟大的生命视为历史赋予自己的光荣使命。

好老师要爱满天下。苏霍姆林斯基说:"没有爱,就没有教育。"陶行知强调教师要"待学生如亲子",认为"办学如治水",对学生不能"强势压制",而应"因势利导,形成一种民主平等、和谐合作的师生关系,使学校真正成为师生共同生活的处所""千教万教,教人求真,千学万学,学做真人"。好老师要从内心关爱学生,最大限度地理解、宽容、善待学生,让每个学生都能快乐、健康地成长、成人。好老师用爱的目光关注每个学生,老师爱的目光是学生成长的营养源;好老师用爱的微笑面对每个学生,老师的微笑是世间最美的,也是最能创造价值的。对学生的爱,应如春风化雨,滋润着学生的心田,使他们得以健康成长。真心爱着学生,就应当做到从生活上、思想上、学习上全面关心和爱护学生,热爱一个学生就等于塑造一个学生;厌弃一个学生,无异于毁坏一个学生。只有真心爱学生,才会有责任心、事业心;只有真心爱学生,才会认真备课、上课;只有真心爱学生,才会尊重学生、理解学生、信任学生。爱学生,才会抛开名和利。

好老师要勤奋好学。陶行知曾告诫教师:"我们做教师的人,必须天天学习,天天进行再教育,才能有教学之乐而无教学之苦。""唯有学而不厌的先生,才能教出学而不厌的学生,"要想学生学好,先生必须好学。"陶行知认为,好学不仅是教育的需要,也是生存的需要,做一个现代化的人必须取得现代化的知识,学会现代化的技能,感觉现代化的问题,并以现代化的方法发挥我们的力量。时代是不断前进的,我们必须参与现代生活,与时俱进,才能做一个长久的现代人。陶行知先生在 20 世纪 30 年代就提出:好老师要虚心跟他人学,跟大人学,跟小孩学,跟朋友学,也跟大社会学。要学得专,也要学得博,学到人所不知、人所不能。好老师必须不断提高自身业务水平。

好老师有优秀的教学观。好老师在教学中不是简单地传递知识信息,而是协助学生建构对世界更广阔、更深度理解。教学中更多关注学生,注意他们在做什么、想什么，及时了解他们的认知情况，需不需要督促和指导，从而灵活地调整课堂。好老师认为学习必须是对人的思想、行为和感受产生持续性的实质影响，知道如何利用敏锐的洞察力，直入问题核心。好老师在教学中会努力创造一个自然的批判学习环境，能提出引发学生关切、好奇，甚至困惑的重大问题。好教师要有丰富的业务素质，教授学生优秀的思维方式和思维习惯，使学生受益终生，会培养学生人的完整性和生活的完整性，从学生的生活实际出发，教他们生活，教他们做人，教他作为一个真正的人。

附录：我的日记摘抄

教育首先要引导孩子走独立的道路，这是我们教育关键性的问题。

——蒙台梭利

2001 年 4 月 6 日　星期五

古人云："投之以桃，报之以李。"我的理想，我的付出，我的奉献，本不奢望回报，却从多年的班主任工作中读懂了"我爱学生，学生爱我"的真谛，品味到了"千教万教，教人求真"的甘甜和快乐。

我深知作为一名班主任，我要扮演各种各样的角色，我是管理者，也是引路人；是良师，也是诤友；是慈母，也是严父。我一定要对我的工作从严要求，坚持不懈地学习理论，更新和充实自己的知识，从班主任工作实践中积累经验。

2001 年 5 月 7 日　星期一

只有有理想、有觉悟的班主任，才能培养出有理想、有觉悟的学生。

班主任的本职工作是把学生教育好，把班级管理好，树立坚定正确的政治方向，一个人的立场、观点是在他所从事的事业上的态度中表现出来的。班主任的政治觉悟主要体现在是否忠诚教育事业，是否全心全意地热爱学生，班主任要鲜明地站在教育方针的立场上，认识到学校不是世外桃源，保持清醒头脑，从实际出发，实事求是，因势利导，紧密配合学校有关部门开展各种丰富多彩的活动，去点燃学生的爱国主义热情。教会学生认识到真、善、美与假、恶、丑，这是对班主任的基本要求。

2001 年 9 月 10 日　星期一

爱心是做好工作的前提，班主任对事业要有强烈的责任感，对学生要有爱心。爱学生、爱事业是每位教师必须具备的品质，也是每位教师做好工作的心理基础。班主任对学生的爱不是个人的狭义的偏爱，这种爱是从社会、学校、家长的重托出发，以学生得到全面发展为基础的。班主任爱学生，要体现在尊重学生不同的性格、志趣上，不对任何教育对象偏袒、歧视。对他们既严格要求，又不能采用生硬的教育方式。爱不仅仅是一种教育方法，也是滋润人心的巨大力量。班主任真挚、纯洁、无私、高尚的爱能产生巨大的感召力、推动力，激励学生的上进心和自信心，可促进学生智力和个性的健康成长。

2002 年 8 月 8 日　星期四

今天读《孟子》一段有感。孟子云："恻隐之心，人皆有之；羞恶之心，人皆有之；辞让之心，人皆有之；是非之心，人皆有之。"无论多么调皮的学生，身上总有优点，只是这些"心"有待我去发现。这就要求我做有心人，多开展班级活动，多观察学生，多分析学生。

2002 年 10 月 9 日　星期三

把学生当朋友，就会多一分宽容，就能够理解他们的过错，体会他们的压力，感受他们的无奈；把学生当朋友，就会多一分充实，看着他们灿烂的笑容，听着他们开心的话语，感受他们真诚的敬意，就会觉得无比满足；把学生当朋友，就会拥有永恒的快乐，这种快乐不只是写在脸上，更是深入灵魂，镌刻在生命的典册之中。

2002 年 11 月 22 日　星期五

英国哲学家罗素说过："人生幸福在于良好习惯的养成。"叶圣陶也指出："教育就是培养好习惯。"良好的卫生习惯、劳动习惯、语言习惯、礼仪习惯、学习习惯等，既是学生优秀品德和美好人格的体现，又是他们健康成长和幸福生活的基础。

2002 年 12 月 1 日　星期日

教学生学会做人。学会做人是一个影响终身的命题，引导学生追求真、善、美是教师永恒的使命。让学生在爱的环境中，养成好习惯，学会做人，学会学习，奠定美好的人生基础。

2003 年 3 月 3 日　星期一

"善教育者，使人继其志。"

2003 年 5 月 9 日　星期五

班级学生的学习状况是不同的，我对他们的要求要因人而异。对基础较好、思维较敏捷、成绩良好的学生，要鼓励他们不要满足于现状，帮助他们制定相对较高的学习目标，更上一层楼；对于学习上暂时落后的学生，不宜提出过高的要求，要帮助他们制定切实可行、经过努力可以实现的目标。但有一点要注意，如果学生达到了目标，就要及时给予表扬和鼓励，以提高他们学习的主动性、积极性。帮助不同层次的学生设立不同的学习目标和要求，可以使每个学生都有成功的希望，都有可能获得成就感。

2003 年 5 月 15 日　星期四

今天期中考试成绩发表了，班级各科平均分外语、语文、物理第一，其他科目第二。物理是由于自己是班主任的因素，对班主任而言，最重要的不是知识的传授，而是方法的指导，特别是学生自主学习能力的培养。明天要告诉学生，学习的各个环节都不可忽视，要科学安排、合理利用时间，要调动多种感官来学习；不同学科有不同的学习方法，要注意总结梳理各科独特的方法，"授人以鱼，不如授人以渔"。

2003 年 6 月 9 日　星期一

今天听了魏书生的报告，魏老师说："我们班，我是班主任，我们班

50 个人就是 50 个班主任助手，50 个副班主任。我们班有一个习惯是：人人有事干；事事有人干；时时有人干。"这句话值得我去体会，我还没有做到这一点。

2004 年 4 月 19 日　星期一

现在的班级有这样一批学生，他们做事十分认真，按部就班，从不违纪；整天不是看书就是做题，别人玩的时候他们也在学习，可成绩总是上不去。这类学生最大的问题是只看重态度，不注重思维过程。明天是开班会还是找他们谈话呢，要让学生认识到思维的重要性，要引导他们认识到：培养良好的思维习惯、提高思维能力的关键是求甚解，要理解知识的原理、来龙去脉、前因后果，只有理解了才记得住、记得牢、用得活；要善于运用联想思维，任何知识都不是孤立的，只有联系相似的、相近的、相关的、相反的知识，联系生活实际，才能真正做到触类旁通；要养成独立思维的习惯；要多吃"回头草"、勤总结，对学过的知识、做过的习题，要及时复习、反复巩固、总结规律性的东西，这样才能事半功倍。

2004 年 8 月 17 日　星期二

现在课堂的气氛死气沉沉，学生思维不活跃、发言不积极。今天练习册例 3 明显解答错误，怎么一个学生也没有提出来，看来必须激活他们创造性思维，鼓励学生破除迷信、大胆怀疑，还要注重培养学生发散思维、求异思维、综合归纳的能力。

2004 年 9 月 10 日　星期五

有人说班主任是世界上"最小的主任"，可这"最小的主任"管的事却最多，班级的卫生、纪律，学生的品格、安全、行为、言行、生活……样样少不了班主任操心。特别是现在的孩子头脑灵活、思想独立，喜欢表现自己，自尊心强。同时也存在着骄傲、娇气，以"我"为中心，喜欢表扬，听不了批评，不能虚心听取别人的意见等问题。针对这些现象，根据学生的年龄、心理特点，明天在班级开展了"文明""守纪""好学""勤劳""特长"的积分评比活动，能怎么样？

2004 年 11 月 24 日　星期三

最近看到台湾在搞"三生教育","三生教育"的概念是学校德育范畴的概念,其包括"生命教育""生活教育""生存教育"。"生命教育",让每一位教师和学生"认识生命、尊重生命、珍爱生命,关心自己和家人";"生活教育",提倡"珍视生活,了解生活常识,掌握生活技能,养成良好的生活习惯,关心他人和集体,树立正确的生活目标";"生存教育",强调"学习生存知识,保护珍惜生态环境,关心社会和自然,强化生存意志,提高生存的适应能力和创造能力"。

生命教育,是生命文化与生命智慧的教育。生命教育的研究涉及生命教育的价值,生命教育的核心理念,生命教育的家庭教育,生命教育的保障机制,尤其是优化青少年生命教育的环境等。学校生命教育是指通过对中小学生以及教职员工进行生命的孕育、生命发展知识的教学,让他们对自己有一定的认识,对他人的生命抱珍惜和尊重的态度,并在学生受教育的过程中,培养对社会及他人,尤其是残疾人的爱心,使中小学生在人格上获得全面发展,使教职员工更加珍惜生命,让生命更有意义。

陶行知认为"生活即教育",他认为生活教育具有六大特点:生活的、行动的、大众的、前进的、世界的、有历史联系的。学校的生活教育从提高教师的生活质量入手,从教师和学生的走路、吃饭、说话、交往、感恩等日常生活入手,培养学生的生活能力,让学生和教师共同成长。

生存教育,是倡导人与自然和谐相处的观念体系,是人们根据生态关系的需要和可能,最优化地解决人与自然关系问题所反映出来的思想、观念、意识的总和。学校的生态教育必须让师生关注自然、爱护自然,宣传先进的生态知识及保护生态的意义,从生活小事做起,珍惜生态,关心社会和自然的教育,将环境建设、环境保护、绿色文明建设作为生态教育的重要组成部分,真正树立学生和教师的环保意识和可持续发展意识。

2005 年 3 月 1 日　星期二

要想走进学生的世界,先给他一个喜欢你的理由。

2005 年 5 月 4 日　星期三

我们知道这个世界上，没有钱不行，光靠钱也不行。有的学校教师待
教师遇低，但是教师依旧勤勤恳恳，奋斗终生；有的学校教师待遇很高，
但是教师依旧消极怠工。这说明什么？教师的工作不是人对物质，而是人
对人，那么他需要一种精神上的追求。尤其是在物欲横流的今天，当我们
必要的物质得到满足之后，我们就会意识到，人更重要的是精神。

我们常说，教给学生一杯水，自己要有一桶水，也有人说教师应该是
一眼泉，一眼活的泉。我感觉教师不应该成为一眼泉，而是要教会学生挖
泉引水。

2005 年 8 月 22 日　星期日

孔子说过："其身正，不令而行；其身不正，虽令不从。"西汉著名的
思想家扬雄就说过："师者，人之模范也。"他直接把老师比作学生心中的
模范。这一切都在告诉我们：教师，你的职业、你的学识、你的人品，直
接决定你的事业的成败，直接决定你教育对象的成败。

2005 年 9 月 10 日　星期六

有人说，人的成功有多种因素，个人坚持不懈的努力，个人的聪明智
慧，个人的学习，当然这是一个方面。还要有什么呢？良好的工作环境，
好的学校，好的校长、领导，好的同事，好的家长、学生，方方面面。还
有人说，更重要的不是这些，是良好的机遇，但要记住：机遇往往降临在
有准备的人身上。

2005 年 10 月 10 日　星期一

今天读了霍懋征说过的话："我不跟学生发火，是因为我教过的都是
孩子，孩子是不懂事的，犯错是正常的。那么，我对一个不懂事的孩子发
火，是我老师无能的表现。"

2006 年 5 月 11 日　星期四

今天去市内听了一节公开课，很多人都表示很好，我只能用下面的故

事来代表我的评价了：一个小学举行公开课，是一年级的小学生，据说这个老师是一个很好的老师。上课了，讲什么呢？讲了很多，其中讲到了水果的分类，请孩子们说说都有什么水果。孩子们站起来了，有的说，老师，有苹果；有的说老师，有西瓜。各种各样都说了好多，说完一会就没人举手了。这位老师还问，爸爸妈妈经常给你们买水果吃，难道就这些吗？还有呀，你们再想一想，因为他的笔记里面还有呢，必须得对着教案说完呀。这时没人举手，他就皱着眉头。坐在角落里有一个男同学，把手举得很低，半举不举。他看了一眼，装没看见，可是听课的老师看见了，很多老师在那听课呢，坐了半天，后面老师就说，这有一个举手的。讲课的老师很不情愿地说："那你说说吧。"这个孩子站起来说了一句："报告老师，回答香蕉的同学今天请假没来。"我感叹我们的教育。陶行知有一句话说得好："千教万教，教人学真，千学万学，学做真人。"那么我们就要在"真"字上下功夫，教人求"真"啊。那么"真人"是什么人呢？毛泽东早在多少年前就对白求恩有一个评价：一个高尚的人，一个纯粹的人，一个有道德的人，一个脱离了低级趣味的人，一个有利于人民的人。

2007 年 6 月 5 日　星期二

现在的学生谈恋爱，当老师的怎么办呢？像以前那样，棒打鸳鸯两分离，这种做法被教育口诛笔伐；像有的老师说的那样，就把他们放在一块，坐在一起，现在孩子新鲜几天就完，最好的办法是让他们多接触，用不了多久就会主动分手，老师这样做是支持还是怂恿呢？

像欧洲那样，教给他们怎么避孕显然不符合中国国情；像日本那样，告诉他为了娶她而拼命地成为 No.1 也不是好办法。看来我要把解决谈恋爱问题作为一个课题研究了。

今天学校召开优秀班主任表彰，听到有两位班主任引用了这句话"没有不合格的学生，只有不合格的教师"，这句话是哪位教育家说的我查不到，难道这是她们的真心话，孔老夫子也只是说有教无类和因材施教。有教无类的原意是教育不分贵贱。别忘了，老夫子还有真言："朽木不可雕也，粪土之墙不可污也，中人以上，可以语上也；中人以下，不可以语上也，不愤不启，不悱不发。"今天我们教育的悲哀是：让千军万马过高考这座"独木桥"，我们的苦恼来源于没有真正地因材施教，试想刘翔的教练能不能把我培养成跨栏冠军，又有谁能把我培养到与泰森PK，我们的教育是让每个人都成人，都有良好的道德素养和文明素质。知识是用会的不是学会的，只要有了良好的习惯就不愁成才，有文凭不一定有水平，有学历不一定有能力，世人只记：学而优则仕；总是忽略，仕而优则学。千万要记住叶圣陶的一句话："教的目的是为了不教。"我借用陶行知先生的一句话："教师最大的成功与快乐是培养出值得自己崇拜的学生。"

2007年8月24日　星期五

学校提出了尊重的教育理念：尊重教育规律，尊重人才成长规律，尊重学生的人格和个性发展，尊重教师的劳动，尊重家长对孩子的期望。我听到议论颇多，如"现在的孩子惯得没样，都成祖宗了""豆腐掉灰堆，吹又吹不得，打又打不得""难道他上课不学，我还不能说"。显然是把尊重的教育理解偏了，我体会尊重的教育根本不是有了错误不能说，错了也说对，而是强调师生在平等的基础上，作为老师应该了解并重视学生的身心发展规律。我们不能总是用自己的眼光看学生，要重视学生身心发展特点，学会坦然接受。比如高一学生独立意识增强，认为自己的事该由自己做主，不愿按照家长、老师的想法安排办事，逆反心理很强。另外该阶段学生正处于青春萌动期，渴望与异性交往。他们思想上有一定的是非观念，但绝大部分学生自制力差、易受外界干扰。老师了解了这些特点，在处理事上就不会出现过激行为，坦然面对学生的错误，并因势利导，尊重其发展特点，以平和的心态处理班级事务。

"因人而异"，尊重学生个性。哲学上讲人是由共性和个性组成的，只有共性或只有个性都不能称其为人。尊重学生还应该重视学生的个性特点。学生总是各式各样的，有的活泼，有的文静，有的聪明贪玩，有的踏实勤奋，只有针对他们的个性特点才能搞好教育工作，而且教育本身就是培养个性的行为。成功的教育应该悉心保护学生个性中积极的成分，并因势利导，培养学生的良好性格，尊重学生的个性就是在工作中体现出差异性，换句话说就是"因人而异"。比如对一些自制力极差、性格外向的学生可以严肃批评，但对于自尊心极强、性格内向的学生则不适合。

　　注意方式、场合，尊重学生面子，不管动机是什么，老师应该避免在全班同学面前批评学生。赞美是说服的高手，不论大人、小孩都喜欢被表扬，学生更是，老师如果在批评前先表扬，效果一定比单纯的批评要好。另外委婉的说话也很重要，间接地指出学生的错误，这样比直接说出口要温和一些，容易使学生接受。处理事情时，我们要注意场合和方式，使学生觉得自己被尊重，那么他们也会更尊重自己的形象。

　　高尔基说："如果学习只在模仿，那么我们就不会有科学，就不会有技术。""善诱者，善导。"现代教育认为：教学的真正含义是变"学会"为"会学"。

2008 年 3 月 5 日　星期三

　　近日在校园中听到学生在念一段顺口溜："考试作弊有绝招，又能偷看又能抄。个个像个韦小宝，捉弄老师有技巧。""日照香炉烤鸭店，鸡鸭鱼肉在眼前，口水流得三千尺，一摸口袋没带钱。""春眠不觉晓，处处蚊子咬，喷了敌敌畏，蚊子死多少。""头顶白菜，腰缠海带，你是衰神二代！""祝你一路顺风，半路失踪！"……

　　外因看，现在是叛逆性、流行性、娱乐性和庸俗性等文化已经流传到校园，"灰色儿歌"刻有大众文化的深深烙印，它的出现有社会发展、教育滞后、儿童社会化步伐加快等诸多因素，但大众文化的影响则是不可忽视的原因。孩子们正处于求学阶段，一不小心，无聊与庸俗，替代了文化品位，易给孩子带来不良影响。孩子是单纯、希望、可爱等美好事物的代名词，校园更应该是纯洁的净土，怎么也不应该把这些乌七八糟的脏话、顺口溜与可爱的孩子和纯洁的校园挂钩。但现实又不得不让我们正视这一现象，应该引起我们的深刻反思。先不说这个现象的外在原因了，这些童谣透露的信息，说明学生对教育方式和校园的生活并不满意。这样既使一些孩子对学习失去了兴趣，使那些在学习上"掉队"的孩子在同学和老师那里觉得失去了人格和尊，"痞子童谣"就是他们的杰作，他们也是忠实的传播者。最根本的办法还是要真正改革我们的教育体制和教育方式。

2008 年 9 月 10 日　星期三

现在进行新课程改革，出现了许多流行的所谓的新理念，如果不加以仔细分析，好像这些新的理念代表了先进的教育观念，然而评价教育活动不能简单地判断为好或者不好，盲目遵循所谓的新理念并不能带来切实的教育效果。联系生活实际进行教学固然好，但是机械联系实际也不一定就是合适的选择。我感觉，并没有完全好的教育，也没有完全坏的教育，关键是我们所实行的教育是不是合适的，是不是符合我们社会发展的需要。美国是没有向我国这样的高考，但我看杂志介绍，美国的各种统考，在一些州里面可是多如牛毛，老师和学生对这些统考都十分的反感，因为从前是没有的。比如，加州在三年内增加了五个不同的统考，起因就是因为加州的教育总长访问了中国、日本和韩国，回来以后开记者会，第一句话就是："我知道为什么我们这里的亚洲学生学习成绩那么好了。原来亚洲国家都有统一考试的！我现在才知道，原来学生学了一段时间，必须给他们一个考试才行的！"从此，加州的公立学校的学生都必须参加各种各样的考试了。教育相互交流学习，取长补短是对的，但不是要否定我国的高考，今天看了一篇文章说要取消高考，我认为尽管我们都知道应试教育不是一种好的教育方式，都为自己和自己的孩子陷入这样的泥坑而扼腕叹息，但我们也不得不承认应试教育对现实的中国来说，是一种最好的方式。我们完全可以不搞应试教育，让所有的老师教得轻松，所有的学生学得愉快，但有限的教育资源与日益增长的求学需求之间的矛盾如何解决？说句实话，我们国家根本无法为所有有学习需求的人提供上大学的机会。不要说大学，就是高中也保证不了。原因很简单，国力还不允许。虽然说分数并不科学，这是目前我们所能想到的最合理、最公平、最公正的手段。因为这是最客观的，是没有任何人为因素掺杂其中的。或许有人会说，素质教育也可以评分啊！可以综合考试成绩、日常表现和其他方面的能力给学生打一个综合分数，用这个分数作为升学条件不也可以吗？这种想法是极其幼稚的。这样的综合分数是可以打出来，但这样的综合分数更害人！连严格的考试都有人想尽办法作弊，那种完全凭老师主观评判的表现分、能力分会公平、公正、可靠吗？现在我们搞应试教育，没权没势没钱人家的儿女凭自己的刻苦用功还可能上得了学。如果搞所谓的素质综合评分，估计这部分人家的儿女连升学的门都摸不着。我不是不相信我们的老师，而是信不过现在的社会风气。这样搞，学生可能轻松了，家长的负担就大了。为了让自己的孩子能够得到更多的表现分、能力分，不用教，所有家长都知道去做什么。

2008 年 11 月 13 日　星期四

"孩子，你能行！"

有一句谚语说得好："大自然不会因为花不如树实用而冷落了花，也不会因为草不如树高大而冷落了草。"每个家长教孩子牙牙学语、学走路之所以能成功，是因为每个家长坚信自己的孩子能"行"，于是孩子在家长的鼓励下成功了。而上学以后的孩子在学校的学习情况是参差不齐的，作为老师，想尽办法让学生的成绩提高上去。殊不知十个手指伸出来也有长短，但是他们缺一不可，各有各的用处，何况学生的成绩好坏能力高低是有多种因素，例如，智力遗传、学习态度、个人兴趣等，都有可能导致学生的学习成绩、活动能力有所差异，但我们教师不能因为成绩不好就歧视他们，每个孩子都有自己的特长，都有闪光点，作为教师要有敏锐的眼光，及时发现学生的闪光点，及时鼓励表扬，让学生找到自信，快乐地生活。

2008 年 11 月 22 日　星期六

班主任的主要工作方式是"说"。"说"的艺术在于以理服人、以情动人，使"说"具有针对性、启发性和感染性。诗人但丁说得好："语言作为工具，对于我们之重要，正如骏马对骑士的重要。最好的骏马适合于最好的骑士，最好的语言适合于最好的思想。"我要做到以言动心，要多研究学生的心理和教育的艺术。针对学生的思想脉搏和心理特点说话，来引发学生思考，打动学生心，同时，在"说"时还必须善于控制和调节自己的感情，切忌发火。因为语言也是最危险的武器——刀剑刺的伤口要比语言刺的伤口容易治愈。

教学篇

第一章 历练成长

　　教师应该用一切可能的方式，把孩子们求知与求学的欲望激发起来。

　　　　　　　　　　　　　　　　　　　　　　　　　　——夸美纽斯

　　在教学上，可以说我是摸爬滚打，一步步走到今天的。

　　刚参加工作时，凭满腔热情，一心只想着你干我也干，我早晚会赶超的。那时我所在的学校正在筹备70周年校庆，我所在的教研组是长春市优秀教研组，组内7个人，"文革"前东北师大毕业的有三人，恢复高考后1981届、1982届毕业生各一人，1985届毕业生一人，我是最年轻的一个。组内教师的素质都比较高，尤其是组长王老师，当年高考分数比清华最低线高70多分，个人教学能力也很强。按说在这样的教研组，我应当是非常幸运的，我可以和这些前辈们学到很多书本上学不到的东西。但当时学校在新教师培养上重视不够，组里团队意识不强，所有老师都单打独斗，缺乏"传、帮、带"的精神。我那时可以说是偷艺，为了提高自己的教学能力，我利用住宿的优势，每天晚上都偷翻一遍同年组老教师的教案，同时看他们整理什么习题；白天去蹭他们的课听，一遍一遍看教材、参考书，买全国优秀教案选作参考，研究熟悉教材重、难点及课程整体结构安排。力求把课讲得生动、形象、有趣，对教育教学缺乏高屋建瓴的驾驭，是典型的经师、教书匠式的发展。

　　有一段时间，我专攻解题，认为解题能力强就是一个好老师。对学生采用补课、超前式教学、魔鬼式训练等方式提高成绩。这些做法虽然有些粗暴，但确实产生了一定的效果，我所教的第一届毕业生李某某同学在高二时参加高考就获得全县第一名，并考入吉大少年班；我所带的第一届毕业班物理平均分就高出全县平均分27分，所带第二届毕业班在1994年高考物理平均分评比中获长春地区第一名；我个人也获得"长春市高考先进个人"称号，并由长春市政府嘉奖一级工资；我所教的 1994 届学生张某某，当年以高考物理满分的成绩获吉林省高考单科状元。现在回想起我职业生涯的头十年，虽然有些成绩，但我没能从本质上理解教育和教学，在我看来，教学更像是体力劳动，好像只需要出大力、流大汗就可以做好的。

我的教学理念真正成型、成熟是到东北师范大学附属实验学校这二十年，我的教学之所以能产生质的飞跃，应该感谢名师们的引领。当时我们高中部主任是英国曼彻斯特大学毕业的博士、教育部专家组成员，学校顾问是南开大学毕业多年从事教育工作的专家，物理组组长我的师傅是吉林省物理首届特级教师，他们不仅才华横溢，嬉笑怒骂皆成文章，而且教育理论功底深厚，是吾辈穷极一生所不能及，在省内教育界都是极其受人尊敬的专家，这不仅在于他们的学识，更在于他们的人品。由于他们十几年的言传身教，才有了我今天的严谨治学，从一名教书匠逐渐成长为一名有思想的专业教师。

记得 2000 年物理开始使用新版教材，师傅给我布置的暑假作业就是研究新教材。开学后，师傅让我在组会上汇报，我自认为看得挺透，侃侃而谈。听完我的汇报以后，师傅并没有对我做什么评价，而是做了补充，他把教材中 274 处变化全部点出，有的章节只变一字他都对比出来了，并对改变的意图也做了全面阐述。当时我就脸红了，我看到了自己与师傅在做学问方面的真正差距，对师傅的严谨治学佩服得五体投地。

从那以后，我逐渐对教学研究产生了兴趣。以前我教学从不考虑教学理论、教学方法、知识逻辑、认知结构和学生心理，只是一味拼高考。即便拼高考也不去分析高考题的特点，不去琢磨高考题的规律，一味地在题海里打拼，结果学生累得头脑昏昏，我也累得叫苦连连。而最后的结果往往是，一拿到高考卷子，我感叹这一年的力白费了，学生感觉高三这一年就是不做那些题目，也能得这些分。在现实的冲击和师傅的引领下我开始研究高考，研究学生，研究教学。

第一节　高一物理"教学策略"实践探索

> 教学中要防止两种不同的倾向：一种是将教与学的界限完全泯除，否定了教师主导作用的错误倾向；另一种是只管教，不问学生兴趣，不注重学生所提出问题的错误倾向。前一种倾向必然是无计划，随着生活打滚；后一种倾向必然把学生灌输成烧鸭。
>
> ——陶行知

刚刚步入高一的学生又开始了新一轮的学习与生活。当我面对这些学生时，应该怎样去把高中物理知识教授给他们，让他们从容面对新的挑战？

一、做好初、高中物理的衔接

高中物理难学，难就难在初中与高中衔接中出现的台阶。这个台阶存在于物理教材内容、教学方法和学生的学习能力、思维方法与心理特点上。初中物理学习的物理现象和物理过程，大多是看得见、摸得着的，而且常常与日常生活现象有着密切的联系。学生在学习过程中的思维活动，大多属于生动的自然现象和直观实验为依据的具体的形象思维，较少要求应用科学概念和原理进行逻辑思维等抽象思维方式。初中物理练习题，要求学生解说物理现象的多，计算题一般直接用公式就能得出结果。高中物理学习的内容在深度和广度上比初中有了很大的增加，研究的物理现象比较复杂，且与日常生活现象的联系也不像初中那么紧密。分析物理问题时不仅要从实验出发，有时还要从建立物理模型出发，要从多方面、多层次来探究问题。在物理学习过程中抽象思维多于形象思维，动态思维多于静态思维，需要学生掌握归纳推理、类比推理和演绎推理方法，特别要具有科学想象能力。刚从初中升上高中的学生普遍不能一下子适应过来，都觉得高一物理难学。如何搞好初、高中物理教学的衔接，降低高中的物理学习台阶；如何使学生尽快适应高中物理教学特点，度过学习物理的难关，就成为我们高一物理教师研究"有效教学"的首要任务。

1. 注意新旧知识的同化与顺应

同化是把新学习的物理概念和物理规律整合到原有认知结构的模式之中，认知结构得到丰富和扩展。顺应是认知结构的更新或重建，新学习的物理概念和规律已不能为原有认知结构的模式所容纳，需要改变原有模式或另建新模式。

我在教学过程中，帮助学生以旧知识同化新知识，使学生掌握新知识，顺利达到知识的迁移。为了了解学生的知识储备，我阅读初中教材和资料，了解学生在初中已掌握了哪些知识，并认真分析学生已有的知识。把高中教材研究的问题与初中教材研究的问题在文字表述、研究方法、思维特点等方面进行对比，明确新旧知识之间的联系与差异。选择恰当的教学方法，使学生顺利地利用旧知识来同化新知识，就降低了高物理学习的台阶。许多事例表明，学生能够比较自觉地同化新知识，但往往不能自觉地采用顺应的认知方式。在需要更新或重建认知结构的物理新知识学习中，我及时顺应新知识，更新认知结构。例如：初中物理中描述物体运动状态的物理量有速度（速率）、路程和时间；高中物理描述物体运动状态的物理量有速度、位移、时间、加速度等，其中速度、位移和加速度除了有大小还有方向，是矢量。教学中就要及时指导学生顺应新知识，辨析速度和速率、位移和路程的区别，指导学生掌握建立坐标系选取正方向，然后再列运动学方程的研究方法。用新的知识和新的方法来调整、替代原有的认知结构。避免人为地走弯路加高学习物理的台阶。

2. 加强直观教学

高中物理在研究复杂的物理现象时，为了使问题简单化，经常只考虑其主要因素，而忽略次要因素，建立物理现象的模型，使物理概念抽象化。初中学生进入高中学习，往往感到模型抽象，不可以想象。针对这种情况，应尽量采用直观形象的教学方法，多做一些实验，多举一些实例，使学生能够通过具体的物理现象来建立物理概念、掌握物理概念，设法使他们尝到成功的喜悦。

3. 加强解题方法和技巧的指导

面对具体的物理问题，有时必须掌握一些特殊的解决问题的方法和技

巧。例如：解决力学中连接体的问题时，常用到隔离法。对于不涉及系统
内力，系统内各部分运动状态相同的物理问题，用整体法简便。刚从初中
升上高中的学生，常常是上课听得懂、课本看得明，但一解题就错，这主
要是因为学生对物理知识理解不深，综合运用知识解决问题的能力较弱。
针对这种情况，我加强解题方法和技巧指导。高中物理题目类型多，用到
初等数学的知识较多。在强化概念教学的同时，我精心准备每一节习题
课，为提高习题课的效率，在上习题课前先将题目布置下去，先让学生
做，并让他们争先恐后地想办法解题。每想好一种办法便拿给大家看，实
在想不出，就相互讨论。一些有难度的题目上，学生常常争论得面红耳
赤，互不相让，到上习题课时，学生们就特别专心。一些题目课前没有做
出来，但由于课前他们已经将题目思考多次，所以上课也特别容易理解和
听得懂。讲解完以后我就引导学生归纳和总结，把课堂上的知识和方法消
化吸收。

另外，对学生作业的批改要认真、仔细。批改作业时，一看学生是否
会做；二看学生是否认真做，书写是否规范、作图是否准确。对普遍存在
的问题集体更正，个别存在的问题个别更正，不合格的作业一定重做。通
过严格规范的批改作业，使学生形成良好的书写习惯和严密的思维过程；
通过精心准备的习题讨论、讲解以及运用各种各样的解题方法，使学生在
由简单模仿到运用自如，由运用自如再到自我创造的发展过程中，逐步掌
握一定的解题方法和技巧，提高解决问题的能力。

二、提高学生学习物理的兴趣

浓厚的兴趣将是人们刻苦钻研、勇于攻关的强大动力。孔子曰："知
之者不如好之者，好之者不如乐之者。"爱因斯坦说："兴趣是最好的教
师。"杨振宁博士也说过："成功的真正秘诀是兴趣。"一旦对学习发生兴
趣。就会充分发挥自己的积极性和主动性。学生只有对物理感兴趣，才想
学、爱学、才能学好，从而用好物理。因此，如何激发学生学习物理的兴
趣，是提高教学质量的关键。

1. 加强和改革实验教学，激发学生学习物理的兴趣

通过趣味新奇的物理实验演示，激发学生的好奇心理，从而激发他们

思索的欲望。用实验导入新课的方法，可以使学生产生悬念，然后通过授课解决悬念。每节课的前十几分钟，学生情绪高昂，精力旺盛，注意力集中，我在教学中常抓住这个有利时机，根据欲讲内容，做一些随手可做的实验，来激发他们的学习兴趣，使学生的注意力集中起来，如在讲动量和冲量时，让两支相同的粉笔分别从同一高度直接落到桌面上和落到有厚毛巾铺垫的桌面上，可以发现直接落到桌面上的粉笔断了，落到厚毛巾垫上的另一支却完好无损，由此引入动量和冲量知识的讲授。又如在讲圆周运动的向心力时，用易拉罐等做成水流星实验，按照常规认识，当易拉罐运动到最高时，水必往下洒，但从实验结果看却出乎意料，水并没有下落。接着使转速慢下来，学生们会发现慢到一定程度后水会洒出，接着提出问题：要使水不洒落下来，必须满足什么条件？从而引入课题，使学生在好奇心的驱使下进入听课角色。

2. 加强自己授课时的教学艺术

在教学中，我努力锻炼使自己的语言富有哲理和幽默，这样能深深地感染和吸引学生，使自己教得轻松，学生学得愉快。

首先生动风趣的语言，能激发和提高学生的学习兴趣。教学是一门语言艺术，语言应体现出机智和俏皮。课前我经常进行自我心理调整，这样在课堂上才能有声有色，才能带着愉悦的心情传授知识，从而使学生受到感染。事实表明，风趣的语言艺术，能赢得学生的喜爱、信赖和敬佩，从而对学习产生浓厚的兴趣，即产生所谓爱屋及乌的效应。

其次在授课时，要有丰富的情感，从而激励学生的学习情趣。丰富的情感，是课堂教学语言艺术的运用，也是老师道德情操的要求。一个教态自然的教师，走进课堂应满脸笑容，每字每句都对学生有一种热情的期望。大多数学生的进步都是从任课教师的期望中产生的。富有情感色彩的课堂教学，能激起学生相应的情感体验，能激发他们的求知欲，能使他们更好地感受和理解教材。教学一方面是进行认知性学习，另一方面是情感交流，两者结合得好能使学生在愉快的气氛中，把智力活动由最初简单的兴趣，引向热情而紧张的思考。所以教师要热爱学生，消除学生对教师的恐惧心理。当师生之间形成了一种融洽、和谐、轻松、愉快的人际关系时，就能更好地调动学生的学习的积极性，同时指导学生改进学习方法，让学生在物理学习中变被动为主动。

3. 开展丰富的科技活动，培养物理学习的兴趣。

我在教学中经常结合国内外重大事件收集图书杂志、上网查询并下载大量有关物理学在现代科学技术方面的应用现状及发展前景的专题资料，精心组织、筛选，每学年出几期科普专栏，学生课前、课后都能承受时，观赏图文并茂、通俗易懂的科普墙报，让学生感到物理就身边，与他们现在和未来的生活息息相关，他们只有努力学习才能紧随时代的步伐。这样能激发学生较高层次的学习动机和探索科学的强烈愿望，使之保持学习物理的浓厚兴趣。动动手才能动动脑，开展第二课堂科技活动，给学生提供更多动手实践的机会，而在动手实践过程中，学生必定会遇到一些问题，而这些问题反过来会进一步激发他们探索物理科学的愿望，增强他们学好物理的自信心。

三、加强学生的解题规范化

我认为物理规范化主要体现在三个方面：思想、方法的规范化，解题过程的规范化，物理语言和书写规范化。对此高考也有明确的要求。如在要求计算题时：解答应写出必要的文字说明、方程式和重要的演算步骤，只写出最后答案的不能得分。有数值计算的题，答案中必须明确写出数值和单位。因此从高考的角度看，高中物理的规范化要求应当从高一时就严格抓起。具体的来说应抓好以下几点：

1. 力学中要求画完整的受力分析图，运动学中要有画运动图景的习惯

力学问题中必须画出完整的受力分析图，这是至关重要的，是正确解决力学问题的关键。有的同学认为问题很简单，画图不完整，或根本就不画受力图，正确的结果往往难以得出。即使一时能得出正确的答案，但这种不良的习惯慢慢就会养成。当遇到较为复杂的问题时，就不知道如何下手了。我有时甚至会宣传一种观点：力学问题当你不理解习题，难以下手时，对物体受力分析，往往会收到意想不到效果，正所谓柳暗花明。运动学中画运动图景辅助解题，有时作用也是不可替代的。我想我们在教学中深有体会，我们自己不画运动图景有时解题都不太容易。

2. 字母、符号的规范化书写

一些易混的字母从一开始就要求能正确书写。如 u、v、μ、ρ、p，m 与 M 等，认真书写，我在教学中就发现有不少同学 m 与 M 不分，那么表达式就变味了。受力分析图中，力较多时，如要求用大写的 F 加下标来表示弹力，用小写的 f 加下标来表示摩擦力，用 F 与 F' 来表示一对弹力的作用力与反作用力。力 F 正交分解时的两个分力 F_x、F_y，初、末速度 v_0、v_t 等。

3. 必要的文字说明

必要的文字说明是对题目完整解答过程中不可缺少的文字表述，它能使解题思路表达得清楚明了，解答有根有据，流畅完美。比如，有的同学在力学问题中，常不指明研究对象，一上来就是一些表达式，让人很难搞清楚这个表达式到底是指向哪个物体的，有的则是没有根据，即没有原始表达式，一上来就是代入一组数据，让人也不清楚这些数据为什么这样用。同时有些同学的一些表达式中用到一些题设中没有的字母，如果不指明这些字母的意义也是让人摸不着头脑。很显然，这些都是不符合要求的。

4. 方程式和重要的演算步骤

方程式是主要的得分依据，写出的方程式必须是能反映出所依据的物理规律的基本式，不能以变形式、结果式代替方程式。同时方程式应该全部用字母、符号来表示，不能字母、符号和数据混合，数据式同样不能代替方程式。演算过程要求比较简洁，不要求把大量的运算化简写到卷面上。

第二节 高二物理"学案引领"实践探索

教师必须懂得什么该讲，什么该留着不讲。不该讲的东西，就好比是学生思维的引爆器，马上使学生在思维中出现问题。

——苏霍姆林斯基

今年学校提出并开始实施重大教学改革——探究"有效课堂教学模式"。为了响应学校的号召，我积极学习理论，不断探索科学的方法，并在教学过程中加以实施和运用。在这一年的时间里我遇到了一些问题，也摸索到了一点方法。现将我在这一年的学习和实施情况总结如下：

一、理论学习

所谓"学案引领教学"是指以学案为载体，以导学为方法，教师的指导为主导，学生的自主学习为主体，师生共同合作完成教学任务的一种教学模式。这种教学模式一方面满足了学生思维发展的需要，另一方面又能满足学生自我意识发展需要，对学生的自我发展和自我价值的体现有十分积极的作用。

二、进行学案教学的指导思想

高中物理的学习中，学生既应重视打好知识基础、又应重视自学能力的培养。自学能力的培养和提高，必须在教师的指导下，通过学生自己动脑、动手等活动来逐渐达到。这样，学生经过自己的努力，既能掌握扎实的基本知识和基本理论，又能掌握科学的学习方法，不断提高分析、解决问题的能力，使之终身受益。学生能用学案学习，习惯用学案学习，并不是它的最终目的，而是让学生学会学习。

三、学案设计应遵循的基本原则

1. 主导性原则

教师是教学的主导而非主体，教师定位准确与否，直接关系到学案教学的实际效果，反映着教育观念是否更新。倘若仍坚持满堂灌、灌满堂，学案就失去了应有的意义。课堂教学中，教师要立足于"主导"地位思考设计学案。作为教师教，特别是学生学的行之有效的可行方案，既不能下发学案后万事大吉，"放群羊"撒手不管，也不能越俎代庖，当"保姆"事事包办代替，而应切实担负起"导演""教练""主持人"的责任。

2. 主体性原则

教育的对象是学生，学案设计必须充分尊重学生，注重发挥学生的主观能动性，激发他们的主体精神；必须充分信任学生，敢于把足够的时间和空间留给学生，让学生自主学习和发展，确立他们的主体地位；必须充分依靠学生，注重让学生直接参与并完成一系列学习活动，发挥他们的主体作用；必须一切为了学生，千方百计营造学生主动发展的氛围和条件，让不同层次的学生都能通过学案有所提高，有所发展，有所收获。

3. 层次性原则

一个年级、一个班级的同学，基础和水平会参差不齐，学案设计要从学生实际出发，针对不同层次的教育对象，确立不同的教学目标，设置不同的教学内容，采取不同的教学策略，这是分层教学的客观要求。教学实践中，要设计出既保证绝大多数学生完成任务，又尽可能满足学有余力同学的需要。既不能一味拔高，令人望而生畏；也不能随意降低，使人俯下身子摘桃子。要有较强的针对性和激励性，既为成绩好的同学插上腾飞的翅膀，也为成绩较差的学生装上起跳的助跑器，对不同层次的同学均有启迪和帮助。同时练习题的选取也要有梯度、有层次性，不一定每一个同学完成得一模一样，重要的是扎扎实实，一步一个脚印地稳步提高。

四、教学实践

我们高二物理组全体教师经过理论学习后，积极发挥个人智慧和群体优势，并借鉴其他学科组的经验和方法，首先对学案制定了如下框架：

1. 学案——导引学生自主学习、学会学习

"学案"是教师立足于引导学生自主学习而特为学生设计的适合学生自主学习的方案。它是教师根据学科课程标准要求，在充分把握学情的基础上，结合教材等文本信息，通过撷取网络远教资源集体备课，汇集学科教师群体智慧设计而成的学生学习活动的一个"学习方案"。

高二物理组学案的基本内容是：教师把一节课学生要学什么？怎么学的内容、方法、过程都预设在学案上，保证学生在课堂上自主学习的任务明确、内容明确、过程明确、方法明确。学案上设计的自学研究目标，合作探究问题，实践训练题例，学生必须完成，学生人人都必须学，学案在为学生导读、导思、导疑、导议、练、导结，有学案导航引路，学生人人都会学。学案引领学生自学自研，合作探究，操作实践，师助探究。知识

点转化为疑问点，构成知识链，循序探究。学案是无声而有形的导师，教给学生探究知识的方法，引领学生走进教材，积极探究，学会学习。

一份学案充分尊重了学生对学习内容、过程、方法的知情权和参与权，成为沟通学生与教材、教与学的一座桥梁，引导学生自主学习，学会学习。

2. 学案在三维目标的统领下构成四大模块，分为六个环节

学习目标：让学生明确本节课要学习研究的知识与能力目标，以及重点难点，用具体明确的学习目标统领整节课的教学活动，有效的教学始于明确的目标。

第一：自主学习模块。

环节1：提供自学提示，指导学生自读。

环节2：提供自学检测，反馈自学存在问题。

学生在学案引领下，研读教材，完成自学任务，进行自学检测，反馈自学效果。

第二：小组学习模块。

环节3：互动解疑，预设重点问题。

对学生独立学习的困惑疑难，由合作小组"兵教兵"互助解疑，交流自学的体会和经验。

对教师预设的重点问题，引发学生质疑思考，交流探究。

第三：展示反馈模块。

环节4：提供分层训练题组，组织板演展示。

强化双基训练，题例由易而难，引导循序探究，学生自做—交流—小结，研究问题点，构成知识链，总结学习方法，形成学习经验。

检测练题效果，组织学生板演展示。展示即学习，展示即检测，让学生板演，让学生讲解自己的解题思路办法，师生点评补充。

第四：拓展提升模块。

环节5：提供拓展题，练题得法。

环节6：自学小结，总结学法。

在强化"双基"的基础上适度拓展，让学生练题得法，提高解题技能。

一节课的自学小结，重点总结学习收获和学习方法，使学生不断总结学习经验，内化为智能。

五、学案的设计要体现"五化"

学习过程要程序化，要用过程体现认知规律。让学生读而思、思而疑、疑而议，学而练、练而结。

学习内容要具体化，要落实学习内容，引导循序探究。

重点知识要问题化，要把知识点转化为问题探究点，问题引领探究，构成知识链。

探究方法要科学化，学案要体现学法规律，学案要有导读、导思，导疑、导议，导练、导结的功能，训练学生掌握科学的学习方法。

学案运用要系列化，自学探究学案—技能训练学案—综合检测学案—复习巩固学案，构成学案系列。让学生全过程参与学习，全面提高学习能力。

六、教师设计学案要把握三个要点

第一点，教师要把握课标，活用教材。教师要对教材要作二次加工，把教材化难为易，化虚为实，化知识点为探究点，降低教材的难度，使学案接近学生实情，适合学生自学。

第二点，学案设计要三线合一。要把知识线、探究方法线、能力训练线有机地融汇整合，科学设计。

第三点，学案要集体备课。备课时要博采众长，集体研究。用集体智慧编定高质量学案。

七、学案教学——开放民主的学习活动，确保学习效度

"学案教学"是以学案为载体，以学生自主探究、合作探究为主要学习方式的一种开放性的教学模式。学案教学以学生的自学、自练、交流、展示为课堂教学主线，通过"自主学习—小组学习—实践探究—展示反馈—拓展提升"五个环节，师生共同合作完成教学目标的一种教学方式。学案教学中，教师真正成为学生学习的组织者、引导者、整个活动过程的

调节者和局部障碍的排除者。整个课堂，任务交给学生，时间让给学生，过程让学生亲身经历，方法让学生探索总结，结论让学生自己得出，困难让学生设法攻克，规律让学生自己发现，精彩让学生充分展示，课堂呈现为一种开放、民主的状态。学生全员动了起来，课堂活了起来，效果好了起来。

八、教师在课堂上如何组织教学，可以用五句话基本概括

遵照学案，循序推进——教师要把握学生认知探究的学习过程。

说话指挥学生行动——教师要当好学生自主学习的组织者。

启发点拨引导探究——教师要当好学生学习的指导者。

展示检测反馈实效——教师要当好学生学习的督导者。

激励调动促进成功——教师要当好学生学习的激励者。

九、课堂上学生学习活动的过程

1. 自主学习，学案引领

学案引导、研读教材、完成自学任务，进行自学检测。

2. 小组合作，互助共赢

小组交流、"兵教兵"解疑解惑。根据教师预设重点问题，引申探究。

3. 实践探究，内化智能

对学案提供的基础题组，学生要通过自做交流小结，以实践练习产生学习经验，内化为学习智能。

4. 展示反馈，张扬个性

对学生实践学习效果要作检测反馈，展示即学习，展示即检测，把学生推到台上，展示讲解，发展自我。

5. 拓展提升，激励成功

对学生的知识与能力训练，要适度拓展，专题突破，展示讲评，激励教育贯穿始终。

以上内容涵盖了高二物理学案教学的过程和主体思想。以上五环节不可机械地割裂开来，自学中有合作，合作中有展示，展示中有探究，探究中有总结，过程性激励评价更是贯穿始终，一定要视课堂发展的需要变通操作，灵活应用。

十、学生学不起来怎么办，调动学生自主学习的积极性有三个办法

一是导：学案在引导，教师在引导。以导促学。

二是促：检测促进学，展示促进学。以查促学。

三是激励：全过程激励调动学生学习的积极性。兴趣激学，成功促学。

师生关系决定着学习质量，我们要尊重学生，相信学生的潜力，调动学生的积极性。以导促学、以查促学、兴趣激学、成功促学，这就是我们的办法。

在学案教学的课堂上要少讲甚至不讲，还要能放心地让学生自主学习，教师是有顾虑的。实践中我们总结出了"五代法"，这就是：

以练代讲：讲题不如练题，讲清不如练到，让学生在练中感悟。

以查代讲：以检查、检测促进学生的探究效度，逼迫自学，压力变动力。

以讨论代讲：让学生在交流讨论中互相帮助，遇难即议，遇疑而议，议必充分，议必有果，"一帮一"落实到人。

以展示代讲：让学生板演展示并作思路方法的讲解。学生怕展示，又想展示，促进学生学习心理改变，对自学交流更认真一些。

以学生代讲：以学生的学代替老师的讲，把老师要讲的东西，让学生讲出来。学生讲，锻炼学生；学生讲，能讲到学生需要处。

我们的做法是课堂教学改革先从老师少讲做起，有了"五代法"，教师才可以放心地少讲或不讲，放手让学生自主学习，还能更好地保证质量。

十一、学案教学中如何促进学生的合作学习

1. 组建合作小组

先有"一帮一"，再编一小组，以优、良、中、差四人为宜，优化组合，选好小组长，分工有合作，"兵教兵"互教互学，"一帮一"责任到人。一般采用餐桌式座位以便于小组活动。

2. 明确小组学习方式

遇难即议，遇疑即议，议给任务，议必充分，议必有果。让学生在讨论中解疑，辩论中求真，活动中互助，合作中提高。使学生的自学一直在学案指导和同学老师的帮助下进行。

3. 加强小组长的培训

小组长是全组学习的灵魂，是帮教同学的"小先生"。对小组长要加强培养，要有目的地组织小组长进行"如何当好小组长"的培训和拓展性习题问题的提升性训练，使小组长有能力当好小组学习的组织者、指导者、督查者。对小组长的培养也是突出培养优生、提高小组学习质量的重要环节。

4. 小组学习的功能主要体现

（1）大班教学小型化：大班教学是中国教育的特色，也成为困扰教育教学质量提升的一大难题，是许多学校一直头疼的顽症。小组学习以小组为班级学习单位，将大班分解为若干小组，小组内各自有分工，分工中有合作，人人有事做，困难有人帮，结果有人查。每个学生的学习质量、行为习惯、思想品行都有人及时关注，实现了关注到每个孩子，关注每个孩子的每个问题，对每个孩子负责的教育理想。

（2）培养了学生的自助管理能力：以小组为单位的教学，管理者队伍由单纯教师管理扩大为教师、小组长、同伴、自我的全员管理，小组内每个同学既是管理者，又是被管理者，学生的自助管理能力和主人公意识大大增强。

（3）面向了全体学生：小组学习中，由于个体受关注程度大大提高，人人在学，个个乐学，学生的学习过程有了保障。于是，不学的孩子没有了，掉队的孩子减少了，教学质量大面积提高。

5. 小组学习的注意事项

要开展组与组的合作与竞争；随时对学习小组的学习效度进行激励性评价；要掌握小组学习的时间和次数；要重视发挥小组的帮教功能、检查纠错功能与德育功能。

十二、学案教学中板演展示的意义

学案教学中，训练是主线，展示反馈是对学生效果的最好检测。同时，学生的板演讲解，促进了学生学习心理改变，提高学习的认真度和准确度。

板演展示的优越性，在于这种方式把学生置于公开竞争的环境，给学生以积极的心理暗示，激活了学生求知的内动力和表现欲，也顺应了学生的身心特点，不仅动脑、动口、动手、还动身，解决了学生厌学的问题，培养了学生积极注意和主动参与的能力，也便于师生互动中的评价、点拨和借鉴。板展不仅可以最大限度地暴露问题，而且可以更充分、全方位地展示学情和技能。同一题目不同思维，不同做法，精彩纷呈，思维的优劣比较，做法的繁简比较，过程的是非比较，结果的对错比较，一目了然。学生在展示后评价，在教师引领中提升，点拨中拓展。学生动起来，学习活起来，但由学案引导，活而不改其本，乱而不离其学。同时，这个环节有效地培养了学生的动手、动脑、表达、交流、合作、展示的综合能力和整体素质。由于此环节，课堂的开放度很大，教师要注意对全局的掌控，什么人展示，展示哪些问题，展示中暴露出什么问题，学生思维有哪些亮点，教师要迅速、快捷、准确地获取信息，进行有效的组织推动。

一份学案承载了课改的理念和各种元素。在学案教学中，学案是支撑的载体，合作学习是活的灵魂，板演展示是学情的及时反馈，激励评价是激发学生学习的催化剂。四者有机结合，形成了学案教学的模式。学案教学解放了老师，发展了老师；解放了学生，发展了学生。整体提高了教学质量和学生素质，这就是学案教学的实用性和科学性的集中体现。

十三、学案教学价值的主要体现

1. 学案教学是对传统教学的挑战与革命

变备教案为备学案，是对传统教学的一次革命。学生由听讲做作业变为自主探究学习，改变学生的学习方式。教师由知识的传授者变成学生学习的组织者、帮助者，改变了教师的教学方式。

2. 学案教学真正确立了学生的主体地位，确保学生自主学习

学案教学全过程是学案在引领学生自主学习，在课堂上主要是学生自己在读、在想、在做、在交流、在展示，在自主地学习，学得生动活泼。学习真正成为学生自己的事情，学生真正成为课堂的主人。

3. 提高学生的学习能力，发展了学生的综合素质

学案教学课堂活动中，学生能够读、思、疑、练、结，提高了学习研

究的能力；学生交流、答辩、讲评，培养了学生的表达能力；练题、板演、实验培养了学生的实践能力；小组学习、"兵教兵"培养了学生的参与能力及合作能力，练习、巩固、拓展，开发了学生的创新意识。学案教学全面发展了学生的学习能力和综合素质。学案教学符合素质教育的方向。

4. 解决了学生厌学的问题，提高了教学质量

学生用学案可以自学探究、合作探究、师助探究，多渠道、多层面生动活泼地获取知识，气氛活跃、学习愉悦，顺应了青少年的身心特点。学案当堂训练、当堂完成，课外主要是预习自学，减轻了学生的课业负担，有效地克服了学生的厌学情绪。学习过程中有严格地检测评价、直观真实地板演展示，突出了训练实效，保证了教学质量。学生轻负高效快乐学习，全面发展，体现了课改的人本精神。

第三节　高三物理"复习策略"实践探索

所有的智力方面的工作都依赖于兴趣。

——皮亚杰

高考其实是有一定周期的选拔性考试，出题内容有规律可循。而且，高考的目的不仅是选拔学生，同时还得有利于学生到了大学以后的学习，因此其变化又与高等学校的专业课程的设置有关。

从表面上看，高考命题有很大的随意性，但是，在高考专家眼里，高考命题有相当的确定性，看似扑朔迷离，其实规律蕴含其中。所以认真研究考试说明，认真研究近几年的高考题，就可以发现那种看似无形却有形，犹抱琵琶半遮面的高考规律，从而引领学生脱离题海，走向高效的高考复习之路。通过研究，我将历年高考物理试题烂熟于心，对高考物理试题的命题走向、考点追踪均有深刻的体会。在此基础上，我在授课时就能深入浅出，强调基础，强调知识整体性、连贯性。一切以高考为出发点，围绕高考选题，命题，析题。题量不在多，要精、要广、要有代表性，每

做一题都要求学生懂得老师的出题意图、考哪些知识点，题目突破点、知识点及公式运用有哪些内在联系，题目又如何演变、引申，又如何推广等等。从典型的问题中总结规律、经验，帮助学生将所学知识融会贯通、一通百通，从而真正提高成绩。

一、利用考试说明摸清高考内容

怎样提高高考的复习效率呢？我觉得应该做到的第一点，就是认真研究考试说明。考试说明是高考唯一依赖的大纲，高考的题型分布、难度分布、考试重点、考试难点，都明明白白地写在考试说明中。

高考被定义为一个选拔性的考试，它的特点就是要让前20%的人拉开档次，所以高考题肯定是有相当难度的，对这个不要抱有任何侥幸心理，说这个高考题要是简单了怎么办。另外，国家规定高考题的难度系数应该维持在0.55左右。所以，如果某一年由于把握不准，题目出得简单了，第二年肯定要调整一下，这个调整是围绕着高考的难度系数0.55进行调控的，这些信息都写在了考试说明中。所以高考之前，进入3月份，各个省市的考试说明都已经发布了。我们应该抓住考试说明，认真落实到高考前的复习准备中去。

具体地应该做三项工作：

第一，认真学习考试说明。除了老师，学生更应该掌握考试说明。如果让学生知道该怎么考，他就可以根据自己的情况，在复习的过程中审慎地加以取舍，根据自己对知识点的掌握情况，搞清楚侧重点，加以定点突破。比如说有些题目，他感觉高考肯定不考，那么就可以放弃；有些题目，根据他的学习体会，这种题目一定要考，所以他就得认真对待；有些题目，虽然在高考范围内，但是已经超出了他力所能及的范围，那么他就可以暂时放弃。但是这个考试说明颁布以后，很多老师自己都不认真看，所以学生就更不知道，于是就顺着自己固有的教条的，甚至是落伍的那一套思路，领着全体学生走向一条黑暗的道路，这种损失是非常大的。

在师大实验校，高考大纲一颁布，我们教研组的老师就坐到一起，集体研究、集体学习，然后根据大家共同的学习心得集体备课，达成共识。每位任课教师再回到毕业班，利用自己的课堂，领着学生逐字逐句地去分析这个考试说明。这对学生的后续复习行为的指导也是非常有效的。

我在学习考试说明的过程中会发现，考试说明对很多问题都做了明确的规范。比如说，考试说明中明确强调，高考物理试题着重考查考生的知识、能力和科学素养，注重理论联系实际，注意科学技术和社会、经济发展的联系，注意物理知识在生产、生活等方面的广泛应用，以有利于高校选拔新生，并有利于激发考生学习科学的兴趣、培养实事求是的态度、形成正确的价值观，促进"知识与技能""过程与方法""情感态度与价值观"三维课程培养目标的实现。有时候听一些老师讲课，为了追求一题多解，就给学生总结了很多方法，甚至有些老师是为了讲方法去设计题目，但是这种方法本身不是通用性得到通法，不在高考要求之列，不能为了方法、为了技巧去探讨这些东西，应该是围绕着高考的要求来展开。

第二，要认真看今年的考试说明和去年的考试说明的差异。每年的考试说明，和上一年相比，都有一些新的变化，调整的地方，往往就是命题专家认真考虑要出题的地方。

如果不认真比对研究，可能认为没什么变化，而高考恰恰是细节决定成败。所以实验校的做法就是，新的考试说明出来了，一个老师读新的，一个老师拿着去年的，把那些有所变化的地方，哪怕是一字一句都找出来，因为其中潜藏着命题专家的一些动向，应该认真分析。

在完成考试说明的分析后，还需要分析它和近几年高考题的吻合程度。因为高考题是围绕着考试说明来落实的，所以应该分析近5年的高考题对考试说明的落实情况。你这样一分析，就会发现，高考题真的是按照考试说明来做的，这是第一个问题。第二个问题是，要分清重点，因为考试说明的颁布一般都到3月份了，高考已经迫在眉睫，我们不可能全面撒开，也不可能面面俱到，这就要求我们得把一些核心的东西挖掘出来。

第三，高考物理对知识点有Ⅰ、Ⅱ两级要求，Ⅰ级考点要求学生了解和理解该知识点，在新考纲中占79个，Ⅱ级考点要求学生掌握和灵活运用，在新考纲中占27个，原考纲中43个，Ⅱ级考点在每年高考中有50%左右被考，而Ⅰ级考点在每年高考中4%左右被考。我们在复习中只要把近5年的高考题收集在一起，然后根据每一个知识点，进行认真地排查、梳理，通过分析发现，作为高考来讲，有些知识点是每年必考的高频考点，有些知识点是这么多年从来很少出题的极低频考点。对每年高考都考的，应该是高考的重中之重。一定要引导学生突破，攻克重点。我分析了一下近5年高考的必考内容，比如图像问题，万有引力定律及其应用，牛顿第二定律，带电粒子在匀强电场中的运动，电势差，匀强电场中电势差与电场强度的关系及电场力做功，带电粒子在匀强磁场及复合场中的运动，横波的图像，波速、波长和频率（周期）的关系，振动图像等等。

不分析不知道，一分析吓一跳。高考不刻意追求知识的覆盖面，对一些支撑物理体系的骨干内容要进行重点考察，要增强它的考察比重，所以我们在复习的时候，特别到了第二轮以后，对大多数同学我们就不能刻意地去追求撒密网抓小鱼了，而是应该对这些非常核心的地方，进行重点把关。中等以下学生一定突出重点，而尖子生可以去扫灭盲点。对于有些年考、有些年不考的，这些内容也不能放弃。你必须做好充分的准备，只要典型题引路即可。每年都不考，或者是很少考到的题目。这种知识点大多就是在考试说明中要求了解的，对这些知识点我感觉一般的就可以放弃了。但是有个别的地方，还不能完全放弃，因为虽然这个知识点不考，但是它对别的知识点是一个铺垫和基础，所以这类知识点回归到教材就可以。

二、"三基五能一创新"和难度分析

根据高考命题的特点，我们考前应如何进行复习呢？我们应该知道，高考考的内容，叫"三基五能一创新"。"三基"就是基础知识、基本技能、基本方法；"五能"是理解能力、推理能力、分析综合能力、应用数学处理物理问题的能力、实验与探究能力；还有"一创新"，叫创新意识，在中学培养创新意识，大学培养创新能力。

按照高考的这样一个要求来看，我们平常应该怎么学呢？比如说现在学物理，其实有四个层次，第一个层次是能听懂，第二个层次叫会做题，第三个层次叫能做对，第四个层次叫能做好。

常听家长抱怨，说我那个孩子上课能听懂，但就不会做题。我觉得这很正常，物理既然有四个层次，光听懂只是初级阶段，在听懂和会做之间，它有一个台阶，这个台阶，便是高考的基础知识。基础知识不过关，光能听懂，做题就不会了。

有的家长说我的孩子会做，但是抬笔就错，特别马虎。我觉得这是错判，据我观察，把会做的题目做错，这不叫马虎，这叫基本技能不过关。光看书看不出来，光想也想不出来，基本技能是需要训练出来的，就像游泳教练教学生游泳，先在陆地上教给他一些动作，从理论上加以支持，但必须有一个实践的过程。从会做到做对，他要求的就是基本技能要保证。

此外，从做对到做好还有一个基本方法的问题。你说这个题目我做对了，本来只要方法对路，三两分钟就能搞定，结果你搞了个很变态的方法，把自己累得死去活来，头昏脑涨，花了 10 多分钟、甚至 20 多分钟，才把这个题目搞出来了，这样是没法学好物理的。同样是做对题目，我们能不能找一个既快又准的方法，让我们做完这道题以后，心中感到好像有一股清清的泉水在流淌。那种爽快的感觉，和做完这个题就不想活了的那种感觉，当然是不一样的。

高考还得考察学生的创新意识，所以每年的高考，必然有新题，肯定有一些你从来没见过的、背景非常陌生的题目。学生应该有这样的思想准备，这是高考没法回避的问题。所以我们应该在考前这一段，多找一些面孔比较陌生的题目，故意和陌生人打交道，这样时间长了，就不害怕了，高考出现没见过的题目，你心里就不会慌了。

高考的第二个特点，就是它的难度分布。高考的难度分布是 3：5：2，也就是基础知识占 30%，中档题占 50%，难题占 20%。前边的部分就是 80%，这 80% 就是基础题和中档题，它不回避成品题，有些直接出自课本上，有些就是前几年高考题简单地改变，有些就是大家手头的资料上多次见面的。高考总分 750 分，各科大同小异，如果每位同学都能拿下这 80% 就是基础题和中档题，每个同学就都有能力得到 600 分。

三、用好复习资料

在高考之前，一定要用好复习资料。这个时候，各个地方的高考模拟试卷都比较多，所做的题目，应该以高考模拟试卷为核心。为什么呢？各个地方的高考模拟试卷，是这个地方的专家聚集在一起，根据考试说明，进行认真研究，最后按高考可能的动向、可能的题型分布、可能的难度来出的。学生做这个题目的时候，就跟当年的高考对接了。这样的题目，质量高、针对性强，而且难度分布合理，学生做这样的题目，能得到很好地锻炼。但是这个时候，要是弄来一些或者打着某个名人的旗号，或者是比较泛滥、不加以检验的资料，将会严重影响高考的复习。因为这些试卷通常针对性不强，如果这套卷子中间再有些错题，对学生自信心的影响是很大的。

高考之前，我该怎么辅导我的学生呢？如果是图像这个题还不能确保得满分，我就从这些高考模拟试卷中，可能有 10 多套，甚至是 20 多套，挑出图像的题目，横向的集中一个时间来做。做的时候注意，别追求速度，一定要让每一个题都得满分。错了不要紧，错了看答案，看明白了，从头再来一遍，就这样定向突破 10 个以上的题目，你顿时感觉到再做图像的题目底气大增，有一种"身高殊不觉，四顾无高峰"的感觉。我再次重申，高考之前用的资料，应该是那些各地质量非常高的高考模拟试卷，而且应该是横向做，集中时间做。

四、注意知识点交汇处

一定要注意创新题。考试说明中有一个明确的规定，既要考查学生对基础知识的掌握情况，又要考查学生将来上了大学之后的学习潜能，而且参加高考命题的大部分是大学老师，所以这个创新题目，经常出现在中学和大学知识交界的地方。这几年我分析高考题发现，在中学内容和大学内容的交界地方，经常容易出一些意想不到的题目，这些题目往往都是一些创新题。

此外，高考说明中还有这样的一句话，说要在知识网络的交汇点设计试题。这个信息告诉我们，高考肯定要有综合题。所以你第一轮复习，往往是一章一章或者一节一节地往后推，但是到了高考综合复习之前，对于那些知识点相互交叉的题目，要引起足够的重视。比如说高考物理中经常出的带电粒子在磁场中的运动、动力学综合问题、带电粒子在复合场中的运动，这就有交叉了，这样的题目经常出现在高考的最后一个大题上，都是高考命题的一些重点，平常的复习应该引起足够的重视。

五、做好准备，考试不难

高考是你平常能力、基础知识、学习素质的全面检查，别把希望寄托在超常发挥，做好准备才能决胜考场。

第一，要有一颗平常心。平常心是指，你一定要明白，你平常学得好，大考才能发挥得好。当你遇到难题，一定要这样想：同一个老师、同一套教材，用同样的一套训练题目，考场上只要我不会的题目，别人肯定也不会，所以我们的较量不是在不会的题目上，而是在我们都会的题目上，看谁能够少丢分，甚至不丢分。

第二，充分利用考前五分钟。按照大型考试的要求，考前五分钟发卷，这五分钟是不能做题的，但可以看题。要通览全卷，调整心态，进入状态，制定战略，特别是要看一眼最后大题，如果题型根本没见过，千万不要慌张，你就想成绩比我好的他也没见过，咱们拉平了，我还会采步骤分，他们都不会。最好的办法是把前面会做的题踏踏实实做好，不要急于去做后边的题，更不要做前边想后边。

第三，进入答卷阶段一定先审好题。审题一定要仔细，要慢，保持清醒头脑，经常在一个字、一句话里暗藏解题的关键，要注意"陈题"中可能有"新意"，一旦把题意弄明白了，找到了思路就快速应答。

第四，一定要培养自己一次做对的习惯。现在的学生答卷，好不容易有几个会做的题目，就快速地把会做的题目做错，会的都检验，对不上又重做，把一道会做的题来三遍，考试时间根本不够。考场上千万不要争取时间去做不会的题，而把煮熟的鸭子弄飞了。

第五，要由易到难。说起来容易做到了难，很多学生的习惯就是挨着做，做到哪里算哪里，通常试题都是先易后难，但每个人的基础不同，各模块知识熟练程度不同，会了不难，难了不会。我建议学生用"三层筛式答卷法"按试题的易、中、难一层一层过滤解答：把试卷从头到尾浏览一遍，先下手解答自己很熟悉、一想即会的容易题型，再筛找出有一定灵活性半综合性、经多方面分析思考后就能理清眉目的中等难度试题认真解答，最后再集中时间全力攻克剩下的压轴大题。

第六，控制答题速度。一个题做多长时间不能一概而论，应该说平时模拟解题用什么样的速度，高考还用什么样的速度，不要告诉自己加快速度。考试的时候如果和平时的速度差距过大，反而导致质量下降，不要担心做慢了，做不完，

第七，根据学科特点抓住得分点，简单题目得满分，中档题目多得分，难题会踩步骤分。有这样一句围棋格言："不会弃子的棋手永远成不了超一流棋手。"同样，在考场上不善于弃题的同学称不上是一名成熟的应考高手。同学们在次数频繁的考试中，总会碰到一些绞尽脑汁仍理不清思路的特殊题型。面对这些高难度试题，可以用两种方式来处理：第一种方式是使用跳跃式答卷法，到最后集中精力全力"啃硬头"，第二种方式是彻底放弃之。对中上档试题要详细分析物理过程，正确构建物理模型，规范解答物理计算题。首先，对于一个复杂的物理问题，先要根据题目所描述的情景建立正确的物理模型，然后对物理过程进行分析。对于多过程的物理问题，考生一定要注意分析物理过程的细节，弄清各个过程的运动特点及相关联系，找出相关过程之间的物理量之间的关系。比如，所有的计算题，考生读完后，总是从两个角度去分析：一是受力分析和运动特点相结合，综合运用牛顿运动定律和运动学规律解题。另一个角度就是用功和能量的知识去解题，综合运用动能定理，能量守恒定律等知识，一定能找到解题办法。其次，规范答题认真书写很重要。

（1）简洁文字说明与物理方程式相结合是解答物理计算题的最佳模式。

（2）尽量用常规方法，使用通用符号。如图像法适合解答选择题，不适合解答计算题，否则，一旦错误必然会导致整个题目丢分。

（3）分步列式，不要用综合式或连等式，否则，只要发现综合式中有一处错，全部过程都不能得分。

（4）对于几个方程联立求解的计算题，应先写出含符号表达式，再代入数值进行计算。对于不是联立求解的方程，列出方程就解出结果，以求每步得分。

对物理实验题，要认真回忆教材中的实验，挖掘设计性实验题的原型，争取攻克实验题。设计性实验题是考生普遍感觉害怕的题目，考试中若碰到此种题型，考生要冷静面对，认真读题，努力回忆，力求在教材中找到原型题。如从用滑动变阻器、安培表、伏特表测电源电动势和内阻，

到用电阻箱和安培表测量，再到用电阻箱和伏特表来测量，方法多样。从教材中的伏安法测电阻，到双电流表测电阻，再到双电压表测电阻，这些典型的设计性实验题，考生要做到灵活处理。

第四节　高中物理"重、难点突破"实践探索

　　所有外在强迫的都不具有教育作用，相反，对学生的精神害处极大；只有导向教育的自我强迫，才会对教育产生效用。

——雅斯贝尔斯

　　重要的、难懂的概念、规律，一直是部分学生学习的严重障碍，影响了他们学习物理的兴趣和进取精神。如何消除这种障碍呢？我在教学过程中探索从以下四方面抓起。

一、讲究方法，注重实用

　　良好的方法能使学生更好地发挥天赋和才能。老师讲课要注重方法的实用性，使学生尽快有效地理解，掌握所学的知识。如：类比法是物理教学中常用的方法，可帮助学生理解一些难懂的概念、规律和方法。不少学生对用比值定义的物理量常常理解不正确（如场强、电容、电阻），其原因是只注意了数学形式，忽视了物理意义。怎么办呢？我想绝大部分学生对初中物理中的匀速直线运动的"速度"是比较清楚的，它是用比值定义的，我们就以此为例，进行类比，以加深其理解。

　　物理学具有较强的规律性、逻辑性。有些公式学生容易混淆，造成记忆错误，如气体的三个实验定律，死记太伤脑筋，可以借助规律记忆法，让学生学会用"理想气体状态方程"推出三个实验定律的方法，学会了推导的方法就摆脱了烦琐的记忆。电磁学中不少学生左、右手定则分不清，记不牢，我便想出个"谐字法"，比如用"佑发拉底河"这河流名中的"佑"通右，"发"通"发电"即为右手发电，这样左、右手很有趣地分清了，学生记得还深刻。

二、抓关键，抓本质

不少学生学习往往事倍功半，究其原因主要是对重、难点的理解没有抓住关键和本质。电磁学中，产生感应电流的条件是：闭合回路、磁通量发生变化。"磁通量变化"既是关键，又是本质，记住它并不难，但在运用时如何呢？例如，对"有闭合回路在磁场中运动，回路中有无感应电流产生？"这样的问题，有的认为，"有边切割了磁力线"就有电流产生。有的认为，有"磁通量"就有电流产生。然而这两种看法都是错误的，其原因是没有抓住本质。又如，变压器的电流与匝数成反比，这关系大多数学生记得牢，但在做有三组以上线圈的计算时，他们仍套用公式结果得出许多矛盾的结论，这就是对 $N_1:N_2=I_1:I_2$ 公式成立的前提条件"输入功率等于输出功率"这个关键的问题重视不够造成的。通常对概念要抓关键的"字"，对规律、定理等抓"条件、结论"，这些是攻克重、难点的突破口。

三、认识要全面，分析要细致

对学生来说，由于总结、归纳能力差，对知识点认识不全、分析不细是影响学习的另一重要因素，这就需要老师平时注意培养他们这方面的能力。比如关于"电阻"的问题，尽管比较简单，但归纳起来内容也很丰富：

（1）用电阻定律来计算电阻；

（2）用"伏安特性曲线"来表示电阻；

（3）串、并联电路中任一电阻的变化对电路的总电阻、电流、路端电压的影响；

（4）闭合回路内某一可变电阻值为多大时它消耗的功率最大等。

这些有关电阻的问题都只有通过练习、总结才能熟练掌握。对重、难点的理解，不能局限在书本上，要把书吃透，把书中的话拓开，把抽象的东西用练习具体化，在练习过程中加深理解，又在具体的练习中通过总结、归纳升华，从而做到对重、难知识点的全面认识和细致分析。

四、选题要有针对性

练习是增强对知识点理解、掌握的一种主要方法，做练习最关键的是讲究选题的针对性，不然，不但不能提高学习效率，而且影响对知识的理解和深化。选题很重要，我们认为应带着问题去找习题、编习题。只要从每一个练习中得到一点收获，一点启发，对初学的学生来说都是一个促进，一个鼓舞，对培养兴趣、打好基础有很好的作用。有时几个练习能全面反映某一知识点，我们要善于寻找分析、归纳，从而对知识点有个全面深入的理解。如果学生对某一方面理解不正确，我们就专门找这样的习题练，如果认识不全面，就要从多方面找习题练。选题不要运算太复杂，综合性太强，否则会影响对基础知识的理解。针对性的练习是一个专用武器，它可以帮助我们有效地攻克每个重、难点。

第五节 高中物理"高效实验课"实践探索

我以为好的先生不是教书，不是教学生，乃是教学生学。

——陶行知

物理作为一门以观察和实验为基础的科学，实验教学既是物理知识教学的基础，也是物理课堂教学中实施素质教育的一种主要渠道和有效手段。只有通过训练有素的实验教学，才能使学生在获取物理知识的同时，潜移默化地形成良好的科学素养。如何来加大实验教学力度，改进实验教学、提高教学效果以推进物理素质教育，我在教学中从以下几个方面进行了探索和实践。

一、切实重视演示实验，提高课堂教学质量

物理演示实验具有形象真实、生动有趣的特点，能为学生在形成物理概念、得出物理规律前营造出活生生的物理情景，使学生感受倍深。心理学研究表明：人的动作记忆效率比语言文字记忆效率要高好几倍。"百闻

不如一见，百看不如一做"说的就是这个道理。

二、认真上好学生分组实验课，培养学生的创造思维和实验操作技能

分组实验多以测量性、验证性、探究性和实用性实验为主。要提高学生分组实验的教学效果，就必须使学生真正进入角色，手、眼、脑并用地进行有目的的探索活动。根据教育心理学的观点，课堂教学的目的不在于教师完成某种过程，而在于通过某种活动促使学生在行为上发生某些重要的变化，如在学生身上引起的认识上、理解上、技能上、态度上的变化。如果学生通过主动参与教学，在教师的积极指导下获得物理知识，则会印象更加深刻，并增强他们的学习动机。

三、充分发挥教材中"小实验"的作用，训练学生动手制作的能力

当前在物理教学过程中，有不少教师认为教材中的"小实验"是课外知识，与考试无关，因此常被视为可有可无，或被弃之不理。然而这些小实验却往往具有取材容易、贴近生活、直观明了、便于操作的特点，不仅能加深学生对所学知识的理解，而且能极大地提高学生学习物理的兴趣，锻炼学生的动手制作能力和独立操作能力，发展智力。

四、不定期地开放实验室，给学生创造更多的动手机会

由于人的个性差异，一些学生往往不满足于课堂上所看到的或书本上所接触到的实验，他们往往表现出较强的动手欲，很多想法都想付诸实施；而另有一些学生动手能力不强，在实验中往往处于旁观者的地位，有时想自己试着做实验，又怕周围的同学讥笑。因此不定期地开放实验室，既可以给学生施展身手、创造动手的机会，又可以为动手能力较差的同学提供锻炼自己，提高实验能力的场所。实行的办法有时采取自愿参加，全方位开放的形式，有时根据兴趣爱好组织专题研究和探讨，学生在这种环境下或复习已学实验的操作，或做些自己设计的小实验，将能极大地增进学习物理的兴趣，有益他们动手能力的增强，有利于创造能力的培养。

要落实有效教学，要大面积提高物理教学质量，全面提高人的素质，真正实现由应试教育向素质教育的转化，就必须在物理教学中加大实验教

学的力度。

第六节 高中物理"多媒体辅助教学"实践探索

教育中应该尽量鼓励个人发展的过程。应该引导儿童自己进行探讨，自己去推论。给他们讲的应该尽量少些，而引导他们去发现的应该尽量多些。

——斯宾塞

一、使用计算机，优化课堂结构

传统的教学工具是一块黑板、一支粉笔、一张嘴、一本教材、一本教案，教学形式单一、枯燥，而多媒体的出现，利用文字、图像、影像、声音、视讯等不同的媒体信息，动态感强，能化静为动，化抽象为形象，化微观为宏观，化难为易等特点，不仅可以激发学生的学习兴趣，还可以突出教学重点、突破难点，提高课堂教学的效率。

二、变静为动，创设情境，激发学生的学习兴趣

利用多媒体，创设与教学内容有关的生动的社会、文化、自然情景，形成一种特定的教学环境和氛围，给学生多种刺激，让学生边听边看边思考，充分调动学生的多种感官来认识理解物理表象和本质，提高学生的学习兴趣，促进和改善学生的理解能力，激发学生的学习主动性。

例如：我在讲平抛物体的运动时，把飞机投弹的情形用多媒体模拟出来，对文字动画进行设置，配以飞机投弹的声音，并把炸弹飞行的路线也模拟出来，这样形成多角度、多层次的信息刺激，能够强化学生对知识的记忆和理解，缩短学生对知识的掌握时间。这样不但激发了学生学习的兴趣，还活跃了课堂气氛，又能充分地表现教学内容，突出重点、难点，提高了学生学习的积极性，扩展了学生的知识面。

在讲原子、原子核时，分子动理论时，我利用多媒体仿真实验不仅效

果明显，而且利于学生观察，还可以变静为动，激发学生的兴趣和求知欲。

三、变抽象为形象，突破教学难点，增大课堂容量

例如，讲授"电流的形成"时，虽然电流是真实存在的，但它却看不见、摸不着，学生是观察不到的。如果靠学生自己去想象，难度是较大的，而借助多媒体课件用动画的形式模拟出电流的形成，并与水流的形成进行类比，将"短暂电流的形成"与"短暂水流的形成"进行类比，将"持续电流的形成"与"持续水流的形成"进行类比，制作了 4 个动画片段，变抽象为直观、形象，从而有助于学生理解和掌握"电压是形成电流的原因，电源是提供电压的装置"这一知识点，突破本节的难点和重点，整个过程既生动形象，又揭示物理本质。

利用多媒体课件，可以节约教师写板书的时间，增大课堂容量。对于一节新授课，我们通常是要先复习上一节课所学的内容，然后再引出这节课所要学习的内容，通常我们都是以口授的形式完成。但是如果我们把这些要复习的内容都做到一个 CAI 课件上去，在口授的同时再投影到大屏幕上，这样不仅可以节省写板书的时间，还可以吸引学生，加深学生的印象，还可以增大课堂的容量。例如：单元复习时，我把要复习的知识点、例题、解答都做到一个课件中，这样一目了然，而且省去了很多写板书的时间。

四、关于计算机与物理教学整合的反思

反思之一：教学过程以课件为中心，偏离教学主体，计算机辅助教学的核心特征应该是"辅助"，即辅助教师教学，辅助学生学习。在教学过程中，教师应该处于主导地位，学生是课堂的主体，课堂中所有的活动应该以学生为中心。但在目前的教学软件还不是很完善的情况下，有的教学课件不是本人制作的。所以在教学过程中，就无法按照自己的上课思路去授课，只能以课件为中心按部就班的操作，偏离教学的主体。所以这样的教学就很容易导致学生学而不实，讲授而不深的结局，这样反而影响实际的教学。

　　反思之二：多媒体课件的使用，大大节省了教师写板书、画图的时间，这是大家公认的。但由于往往追求高效率而忽略学生思维所需要的时间停顿。多媒体播放屏幕的速度太快，不仅无法记笔记，而且记不住，印象不够深刻，长期这样，效果必然不好。因此不可盲目使用多媒体教学，物理教学中必须为学生展示物理概念的形成过程和物理过程的发展演变，必须给学生留有思考停顿的时间。另外，必要的板书是沟通师生思维的桥梁，千万不能用把节约板书的时间来扩大容量，而应将节省下来的时间留给学生思考、认知。实践证明，凡是需要展示过程的内容，能在教学中体现"思考过程"的教学活动才是最有效的。

　　反思之三：教学中运用现代化的教学手段已成为教育发展的必然趋势。但是目前将多媒体课件运用于教学与传统教学有冲突。传统的教学模式是无数的教育工作者在长期的课堂教学中总结出来的，尽管在某些方面有一定的缺点，但它是一套行而有效的教学模式。但随着计算机辅助课堂教学的优势越来越明显，有很多教育工作者就片面地认为传统的教学模式已经过时，致使许多地区、许多学校为了追求所谓的"多媒体辅助教学"，竟硬性的规定每位教师每学期必须开设一定数量的多媒体课。有些地方只要是上公开课、评优课，几乎都是多媒体课，甚至都形成了"无多媒体不成公开课"的局面。

　　总之，多媒体辅助物理教学优势很大，但只有恰当地利用 CAI，才能提高教学效率，优化教学过程，促进教学手段的现代化。多媒体的发展对物理教学的改革产生了深远的影响，虽然还存在着一定的局限性和困难，但随着时代的发展，相信计算机辅助物理教学的软、硬件都会得到很好的解决，教师制作课件的水平也会不断提高。尽量利用现有条件充分发挥多媒体辅助物理教学的巨大优越性，促进教学改革的深入发展。

第二章　反思提升

告诉我，我会忘记；做给我看，我会记住；让我参加，我就会完全理解。

——娜丹戴克

2000年，我校年近古稀校长顾问，提出了很多具有前瞻性的教学理念。其内容包括：变学生的被动学习为主动学习；变被动接受为主动参与；变只重视掌握、运用为重视探索过程；变被动评价为主动评价。

理论的提出和校内教师的学习培训、启动实施比我省2007年新课改的启动和实施早了整整7年，就是这7年使我受益匪浅。

2003年，我校开展了"有效教学"研究，提出了评课标准，第一要有效率，第二要有效果。有两个衡量标准，即"两个90％"：本节课90％以上的学生积极参与教学全过程；本节课所学内容90％以上学生能掌握。

"两个90％"只是评价一节课教学效果高低的标准，还不是评价一节课好坏的全面标准。因为一节课的好坏，除教学效果外，还应有其他方面的内容。

我校为什么要提出"有效教学"这样一个评课标准，因为在我们的课堂上存在着许多"无效"现象。这种"无效"现象，主要表现在两个方面：一方面，课堂上许多学生精神不集中，不认真听讲，甚至有睡觉的。另一方面，老师的讲课虽然没有什么明显错误，甚至还在认真地讲，但课后，多数学生不能掌握，甚至不懂。拿"两个90％"的标准来衡量，完全判定为无效教学的课，为数并不多。但值得我们重视的是，在很多老师的课堂上，都或多或少地存在着"无效"现象。正是这种"无效"现象，在严重影响着教学质量的提高。

出现无效教学的原因是什么呢？原因大致有三个：

第一，教与学脱节。老师的讲解，脱离学生的实际基础，超出全班学生的平均可接受度。

第二，讲与练脱节。我们经常说的师生互动，但很多老师唱独角戏，不管学生懂不懂，自顾自己一味讲下去的课，尽管你讲得很痛快，但没落实到学生身上。

第三，备课不充分，尤其集体备课没能真正开展起来。备知识多于备方法，备方法多于备学生。

为了解决教学中的问题和完成学校实施的"有效教学"研究战略，我确定了 2003 年研究课题"物理课堂'有效教学'策略研究"。

第一节　高中物理"有效教学"策略研究

成功的欢乐是一种巨大的情绪力量，它可以促进学生学习的愿望。请你注意无论如何不要使这种内在力量消失。

——苏霍姆林斯基

为了更好地落实有效教学，我开始了有效教学行动研究。传统的教学最典型的写照是：老师是"照本煽"，学生是"听长"。其弊端已为大多数教育工作者所认识。随着《国家基础教育课程改革纲要》的颁布与实施，中小学教学出现了重视发挥"教师的主导作用和学生的主体作用"的可喜变化。但是，中小学依然普遍存在着教学效率低下、教学效果不佳的现象，本着"优化教学模式、构建高效课堂"的大方向，我也投入到了有效课堂教学模式研究中

一、课题研究的背景

随着我国经济社会的发展，粗放的、以高耗能低效率为特征的经济发展模式，所引发的各种经济矛盾、社会问题日渐突现，教育的科学发展已成为社会经济发展的迫切需要。基础教育改革的宗旨是以人为本，既要摒

弃不适应于学生发展的传统的教育方式，又要倡导提高教育教学的效率，优化教学模式、构建高效课堂。

目前，影响教学效率和教学质量的因素主要存在于以下几个方面：一是教师学生角色定位的错位。有些教师依然故我，习惯于"教师讲、学生听"的传统教学方式，老师讲得很辛苦，学生学得也很辛苦。二是教师误解误用"学生主体作用"，表现在课堂上学生阅读、交流漫无目的，老师对重点、难点讲得少、讲不清，师生互动被简单化、成为"是不是、对与否"的问答式，一堂课根本没有解决多少问题。三是教学不能依据学科特点展开，把物理学的思想、实验的方法完全置于教学的边缘地带，使学生感受不到物理知识和物理方法的独特魅力，抹杀了学生学习物理的热情。

二、课题研究的目的

一是立足于课堂教学，克服"教师讲、学生听"的传统习惯方式，充分发挥学生在学习过程中的主体作用，使学生在教师的有效引导下，通过探索、研究、理解等方式，内化知识、提高能力。

二是在教学中，使教师逐步克服平均使用力量和平均使用时间的习惯，能够根据内容的需要合理地分配时间。注重突破教学重点和教学难点的方法，使重、难点的突破有方法，而且在多种方法突破重、难点的教学中，解决什么是教师的主导作用的问题。

三是合理恰当地确定教学目标。使物理教学目标的定位基于观察、探究等学生基本学习能力的基础之上；使物理教学目标的确定较好地反映物理学知识体系的本质；使物理教学目标的确定便于学生了解、掌握物理研究的基本方法。

三、课改实验的目标

教师依据教材和学生恰当地确定三维教学目标，突出物理实验和实验元素，突出变量控制法、理想化法等物理基础方法。

教师对教学时间及教学内容的安排合理，有利于学生达成三维目标。教学重点和难点的突破突显教师讲情，学生学习活动有较为明确的时间划分和目标要求。

学生主动地参与到了教学活动之中，能够积极思考。让学生情感参与、思维参与、行动参与，特别是以通过精心设计的问题启发学生积极思考，让学生在解决一个问题中，形成有效的思考。

学生对三维目标的达成度高。这种达成体现于课堂教学的过程之中，体现在学生的作业、实验等学习成果之中，达成度高的教学便是高效的教学。

四、课改实验之因素预设

有效课堂可能因素之一：着力于重、难点及其突破。

吃透教材。在备课过程中要认真学习课程标准，通读教材，研究和了解教材的编写意图、思想内容、知识基础和基础训练的要点，从而确定教学中的重点和难点，以便设计科学的教学方法，为完成教学目标做必要的准备工作。更多时候，老师知道重点是什么，但是在把握重点与一般知识的时间分配上有问题，在突破重点上方法单一，不能多角度、多层面去突破重点。

有效课堂可能因素之二：备课侧重备"学生"。

我们应在备课时除备常规的内容外，更重要的是要备"学生"，多思考如何才能用更精练的语言，更准确的语气调动学生的思维，让学生成为课堂大多数时间的主人，让他们有更多、更充足的时间去思考、交流与探讨，促进其主动发展。这样做才会使时间的效率得以最大限度的发挥。

有效课堂可能因素之三：明确教学目标。

如果每节课教学目标不明确，教材的处理、课堂的结构等都会失去依据，其结果只能是教学内容不是面面俱到、详略不分，就是喧宾夺主，杂乱无章，从而就不能在有限的时间里取得最佳的教学效果。因此，教师在每节课前最好把本节课的教学目标出示给学生，然后由教师把应教的内容根据课标要求转化为一组组面向全体学生的序列性较强的问题，以问题来引发学生的动机和行为。

有效课堂可能因素之四：研究和设计好课堂提问。

在真实、常态的课堂教学中，常常发现教师所提的问题本身就有问题，无效问题、假问题、无价值问题充斥课堂，教师的很多提问耽误了学生宝贵的课堂学习时间，影响了课堂教学效率的提高。因此，教师要高效地完成课堂教学任务，就必须注重对课堂提问的研究，所提的问题必须是有价值的、有启发性的、有一定难度的，整个课堂的问题设计必须遵循循序渐进的原则。

有效课堂可能因素之五：恰当处理"导"与"学"的关系。

教师讲得多，必然剥夺了学生学的机会。把难以理解的知识简单化，把抽象的知识具体化。教师更大的作用是"导"，而不是"教"，学生的"学"是教学的出发点和落脚点。我们要在学生如何"学"上做文章，重在让学生"悟"。教师要相信自己的学生，多给他们一些时间"悟"。有道是，师傅领进门，修行在个人。其实有好多知识不是讲出来的，而是悟出来的。教师讲的少，就要精讲，把握好哪些知识需要讲，哪些知识不需要讲。如果课堂上教师滴水不漏，大讲特讲，反而会将学生引入迷魂阵里。

有效课堂可能因素之六：加强对课堂节奏的把握和管理。

课堂上，有的教师刚给学生提出问题，学生还没来得及思考，就马上要求其回答，这样不仅浪费了学生课堂思考的时间，而且有效性很差。这种形式主义的教学方式使无效劳动充斥课堂，严重影响了课堂教学的效率。有的教师让学生阅读课文、讨论、交流、做巩固练习等，不提任何时间和标准的要求，学生漫无目的地阅读与交流，课堂组织松散，时间利用率低。有的教师只对学生提出比较笼统的要求，学生不明白教师要他们干什么和要他们怎么干，这样，学生就失去了教师的有效指导。因此，要给学生一定的思考时间和思维空间，要减少"讲与听"，增加"说与做"。

有效课堂可能因素之七：适当的多利用现代教具。

如果能适当地多利用现代教具，如多媒体课件、教学图片、挂图、投影仪等作为辅助教学的有效手段，这样既可节约板书，把有关内容简介出来，又可让学生在单位时间内接受更多的信息，利于学生立体思维。其中教材上图文并茂的插图常是教师教学疏忽的一个地方，需要我们多加揣摩，多利用。

第二节　高中物理"分层次教学"的实践研究

教育不是灌输，而是点燃火焰。

——苏格拉底

素质教育的核心问题就是教育要面向全体学生，使学生的思想道德、文化科学、劳动技能、身体心理素质得到全面和谐的发展，个性特长得到充分的培育。这是一项长期的、具有划时代意义的改革。教学是实施素质教育的有效手段，我们要面向全体学生，为学生的全面发展创造条件，因而必须探究行之有效的教学方法，才能承担起时代赋予我们教师的神圣使命。

教学实践告诉我们：高中学生在生理发展和心理特征上的差异是客观存在的；对物理的兴趣和爱好，对物理知识的接受能力的差异也是客观存在的。在这样的情况下，如果在高中物理教学中仍采用"一刀切"，不顾学生水平和能力差异，以为教学就是把学生聚在一起上课，沿用过去统一教材下采用统一要求、同一方法来授课，就会造成"优生吃不饱，差生吃不了"的现象，甚至会出现严重的两极分化。这样，必然不能面向全体学生，就不符合素质教育的要求。面对这些现实情况，我校在建校之初就采取了"分层次教学"，那是实行"走班制"，但同在一个屋檐下的同学，学习能力仍然有很大差别。为此，我在学校和高中部及年级的大力支持下开始了研究和践行"分层次教学"的教改实验。

一、"分层次教学"的指导思想

"分层次教学"的指导思想是教师的教要适应学生的学，而学生是有差异的。所以，教学也应有一定的差异。根据差异，学生可以分为不同的层次，教学针对不同层次的学生进行分层，以促进全体学生的发展。分层次教学就是为了进行因材施教，逐步递进，以便"面向全体，兼顾两头"，逐渐缩小学生间的差距，达到提高整体素质的目的，这完全符合变传统的应试教育为素质教育的要求。

二、"分层次教学"的理论和实践依据

1. 心理学研究依据

教育心理学认为，在人的发展过程中，由于受到遗传因素、家庭因素及社会环境的影响不同，各人的发展存在着不同的差异，心理学称之为"个别差异"。分层教学就是针对学生在智力、非智力因素发展中的个别差异，有的放矢，区别对待，从不同的学生的差异中寻求教学的最佳结合

点，使全体学生都能得到主动、和谐的发展。

2. 教育教学理论依据

布鲁姆认为：只要为学生提供足够的学习时间与适当的学习帮助，95％以上的学生都能够达到确定的教学目标，获得优异的学习成绩。分层教学中教师的"教"就是要适应学生的"学"。由于学生基础知识状况、兴趣爱好、智力水平、潜在能力、学习动机、学习方法等存在差异，接受教学信息的情况也就有所不同。因此教师必须从实际出发，因材施教，循序渐进，才能使不同层次的学生都能在原有程度上学有所得。

3. 教育教学实践依据

新大纲采用两类物理课的方式来安排必修和选修的内容，给出两类不同的教学内容和不同的要求。其中，必修物理课是基本要求的物理课，它着眼于提高学生的科学知识水平，是全体学生必须学习的，必修加选修物理课是较高要求的物理课，它为学习者以后进一步学习打下比较坚实的基础，适合于理科基础较好的学生学习。目前普通高中，面对传统教学模式有不少困难。首先，普通高中的学生基础普遍较差，对大部分学生来说"学不进去""学了也没用"。其次，对普通高中以高考升学率的高低去衡量办学成败的观念至今未打破。于是，多数教师在高考升学率的压力下，往往不惜血本，绞尽脑汁，采用多种手段，使大多数学生，陪同几个所谓"有希望"的"尖子"，为之而"奋斗"，这样就使大多数"陪"读生"劳而无功"，挫伤了他们学习的积极性，也严重影响了普通高中的教育教学质量，这显然与素质教育背道而驰。

四、物理"分层次教学"的实施

1. 学生分层

在教学中，根据学生的物理基础、学习能力、学习态度、学习成绩的差异和提高学习效率的要求，结合教材和学生的学习可能性水平，再结合高中阶段学生的生理特点及性格特征，按教学大纲所要达到的基本目标、中层目标、发展目标这三个层次的教学要求，将学生分为 A、B、C 三个层次：A 层是学习有困难的学生，B 层是成绩中等的学生，C 层是拔尖的优等生。

2. 教学环节中施行"分层次教学"

（1）教学目标层次化

分清学生层次后，要以"面向全体，兼顾两头"为原则，以教学大纲、考试说明为依据，根据教材的知识结构和学生的认知能力，合理地制订各层次学生的教学目标，并将层次目标贯穿于教学的各个环节。对于教学目标，分五个层次：A. 识记。B. 领会。C. 简单应用。D. 简单综合应用。E. 较复杂综合应用。对于不同层次的学生，教学目标要求是不一样的：甲组学生达到 A~C；乙组学生达到 A~D；丙组学生达到 A~E。

例如："机械能守恒定律"的探究目标可分为三个层次：

第一个层次，在直线运动的情景下，探究机械能守恒定律，主要是理论探究，要求各类学生独立完成探究任务。

第二个层次，在曲线运动的情景下，探究机械能守恒定律，需要用到极限的思想和微分的观念，要求将前面学习的方法迁移过来，这对 A 类学生来说需要启发引导，而 B 类学生在同学的帮助下能够完成目标，C 类学生则完全可以独立完成任务。

第三个层次，在有弹性势能存在的情景下，探究机械能守恒定律，是本节课教学目标的顶峰，C 类学生在教师的引导与帮助下，若有充足的时间，通过合作探究学习，可以达成目标；但 A、B 类学生很难实现这一目标，因此教材对这一部分不做要求。教师可将第三个探究目标放在课后作为"小课题研究"让学生自觉自愿的展开探究活动，在小范围内展示成果。

（2）教学活动分层设计

要分层次教学，必须做到心中有书、心中有人、心中有法，才能因材施教，才能做到精心策划学生的学习活动，用心设计思考问题，推敲教学细节，优化教学程序，预想教学效果，选定最优教学方案。学生之间的差异是一种可供开发、利用的教育资源。为了开发利用这种差异资源，要在课堂上努力创设一种研究学习的氛围。如"自主学习""合作学习""探究学习""学案导学"等教学方法，

所谓自主学习，就是在教师的指导下，自己阅读思考，自己观察发现，自己生成问题，之后自主学习探究，自主归纳总结，形成学习成果，

自行解决部分问题，教师起画龙点睛的作用。

所谓合作学习，是在班级制度下建立合作学习小组，以小组为单位，同学间相互帮助、相互影响、相互启迪、相互评价、相互检查、相互促进、相互弥补、相互制约，共同发展。教师则是合作学习的组织者、引导者、调度者、帮助者。

这种结构突出学生自己探究知识，注重学生独立钻研与合作研讨，有利于表现不同学生的个性特点，发挥其个性特长。它遵循科学探究未知领域知识的途径，通过发现问题、提出问题、分析问题、创造性地解决问题等步骤去掌握知识，其教学程序为"编制学案—创造情境—自主学习—合作研讨—质疑点拨—反馈练习—总结反思"。在这种结构中，学生是探索与讨论的主体，教师是组织者、设计者、引导者、帮助者。学生在自主学习过程中，各自依照不同层次的导学案，独立阅读、独立思考、自主生成新问题、自主探究学习解决问题，由于学案中对不同层次的学生分层设置问题、分层要求，因而学生不会因为基础差反应慢、跟不上步伐而失去学习的信心。学生在合作学习过程中，每个小组内都有 A、B、C 不同层次的学员，他们相互提问、相互答疑、相互展示、共同探讨、共同提高，A（B）层学生虚心向 B（C）层学生请教，B（C）层学生借机展示自己的才华，俨然就是小助教。这种互动讨论式学习，不仅激发了学生的学习热情、培养团队精神、交际能力与合作意识，而且有效发挥了不同层次学生的各方面的潜能，有效解决了 A 生"吃不了"、C 生"吃不饱"的问题。

在分层次课堂教学中，我深深地感受到：由不同层次学生组成的学习小组通过互助合作，适当的组间竞赛，有助于培养学生相互尊重、协作进取的精神，不仅能提高差生的学习质量，也能使优生知识得到巩固，还能进一步增加同学之间的感情，增强学习气氛。分层次教学使基础好的学生可少受基础弱的学生的拖累，充分发挥其聪明才智，给他们帮助学困生和表现自己的机会，基础差的学生可受到老师、同学更多的关心和帮助，消除厌学情绪，学习热潮居高不下。这样可以把机会最大限度地让给学生，让每一位学生充分地参与到教学过程中，力求提高教与学的有效性。

例如：营造生动活泼的课堂气氛，调动各类学生积极投入学习过程。

例如："等温变化"通过生活实例"爆胎""热气球"；小实验"吹汽

球比赛"（其中一球塞进瓶内）等活动一方面激活了课堂，另一方面让学生感受到生活处处皆物理，以此激发学生的学习兴趣。

再如："摩擦力"教学中

小实验："竹筷与钢筷夹球比赛"（钢筷是光滑的）

小课题："没有摩擦的世界是怎样的？"

小课题："如何测量最大静摩擦力？"（留迹法）

在众多学生中，有的学生考试成绩不行，但观察生活的能力、操作技能较高，在这些活动中，他们兴致勃勃，积极参与，时常展露自己的一技之长，由此增强了学习的信心，激励着自己向更高目标奋进。

设计丰富多彩的探究学习活动，教师因势利导，各类学生各尽其能，各有所获。

关于"探究加速度与力、质量的关系"，探究活动有：观察分析生活实例，利用控制变量法通过猜想假设、设计方案、取证分析、验证猜想、评估交流等探究过程。其中对控制变量法，定性猜想、测量物体的质量等，各类学生都能达成目标。但设计实验方案，进行定量探究，只有高层学生才有可能在教师的引导下完成这一目标。在方案与装置确定后，各类学生合作分共完成实验。

实验方案设计过程中，教师循序渐进地不断引发不同层次的问题。

例如：测量加速度有哪些方法？（每位同学至少提出一种方法）

几乎所有的学生都能想到打点计时器的方法，也有部分学生提到传感器的方法，只有个别同学提到频闪照相，几乎没有人提到转换法。这期间，学生通过交流相互补充，相互弥补。之后再通过师生交流，参考教材方案，使方案设计更加完善。

例如：如何测量物体所受的力？

弹簧秤法、挂钩码法、力传感器法等，在此过程，教师顺着学生的思路因势利导，层层递进，设置的问题有：

什么样的运动便于测量物体受的力？

用什么办法测量这个力？

用弹簧秤测量有什么缺点？

绳的拉力是物体的合力吗？

如何处理才能使绳子拉力成为合力（只想到摩擦力）？

如何处理摩擦力（很多办法）？

改换物体后是否重新平衡摩擦力？等等。

教师先发散后引导，让各类学生有充分展示的空间，他们的个性得以张扬，积极性得以保护，创造性得以发挥，科学素养得以提升。

3. 课堂提问分层进行

教师要善于实行分层提问的策略。在课堂教学中，一方面，教师应强化目标意识，做到课前公布各层次的学习目标，课终检查是否达标。另一方面，要把握课堂提问的策略，让各类学生均有输出信息的机会。教师必须针对不同层次的学生分层设疑，分层设疑需讲求科学性、针对性、启发性、趣味性，要充分照顾学生的差异性和教学内容的特殊性，使学生有所得，有所思，激发潜能，促进创新。对于低层次学生，提出最基础的问题，一点一点地启发诱导，避免因知识跨度过大而使其无所适从，失去信心；对于中间层次的学生，要在基础知识的前提下略加提高，提出一些需经过思考后才能回答、通过比较才能判断的问题；对于高层次的学生，要设计一些较难、较深的问题，启发、锻炼其概括、抽象思维的能力。通常可采用在讲授知识时提问中等生，利用他们在认识上的不完善，把问题展开，进行知识的研究；在突破重、难点或概括知识时，发挥优生的作用，启发全体学生深刻理解；在巩固练习时，检查差生的理解程度，及时查漏补缺，帮助他们进一步理解知识的方式，来解决教材的统一性和学生个性差异的矛盾，使学生各有所得。

要善于实施换位提问的策略。要实行课堂民主，创建融洽的师生关系，使学生敢提问题。教师要富有亲和力，要用赞许的目光、亲切的微笑、肯定的语言，给学生创造一种敢提问题的心理安全感。

教师不怕被学生"问住了"。教师把自己也看成学生，与学生一起学习、一起成长，被学生"问住了"，也是学习的契机。不管学生提出的问题多么幼稚和不可思议，教师都要持不批评、不挖苦的态度。学生提出的问题可能杂乱无章、五花八门，教师要发挥主导作用，对问题进行筛选，选择那些对本节课更有意义的问题进行解答。解答的方式可以是多元的，可以是"生问师答"，也可以是"生问生答"，一时回答不了的，可以"存疑待答"。

要善于使用课堂提问笔答法。俗话说：好记性不如烂笔头。美国心理学家巴纳特（1981 年）以大学生为被试对象做了一个实验，研究了做笔记与不做笔记对听课学习的影响。大学生们学习的材料为 1800 个词的介绍美国公路发展史的文章，以每分钟 120 个词的中等速度读给他们听。把大学生分成三组，每组以不同的方式进行学习。甲组为做摘要组，要求他们一边听课，一边摘出要点；乙组为看摘要组，他们在听课的同时，能看到已列好的要点，但自己不动手写；丙组为无摘要组，他们只是单纯听讲，既不动手写，也看不到有关的要点。学习之后，对所有学生进行回忆测验，检查对文章的记忆效果。实验结果表明：在听课的同时自己动手写摘要的组，学习成绩最好；在听课的同时看摘要但自己不动手的组，学习成绩次之；单纯听讲而不做笔记、也看不到摘要的组，学习成绩最差。对于同一段学习材料，做笔记的学生比不做笔记的学生成绩提高二倍。所以，提问笔答法的效果，不仅作用于被提问的学生，同时也作用于听答、记答的全体同学。

4. 课堂教学层次化

课堂教学中要努力完成教学目标，同时又要照顾到不同层次的学生，保证不同层次的学生都能学有所得。在安排课时的时候，必须以 B 层学生为基准，同时兼顾 A、C 两层。要注意调动他们参与教学活动的比率，不至于受冷落。一些深难的问题，课堂上可以不讲，课后再给 C 层学生讲。课堂教学要始终遵守循序渐进、由易到难、由简到繁逐步上升的规律，要求不宜过高，层次落差不宜太大。要保证 C 层学生在听课时不等待，A 层学生基本听懂，得到及时辅导，即 A 层学生"吃得了"，B 层学生"吃得好"，C 层学生"吃得饱"。从旧知识到新知识的过渡尽量做到衔接无缝、自然，层次分明。

例如：在课堂上，对于不同层次的学生有不同的提问要求。对于 A 层次的学生提出较基础的问题，对于 B 层次的学生可以提出一些较灵活的问题，以锻炼他们的思维巩固基础知识，对于 C 层次的学生可以提出要经过认真思考才能回答的问题。如"一滑块放在斜面体上面，可以从多角度和不同层面提出问题，以培养学生发散性思维的角度来促进学生能力的提高"。

第一层：如果斜面粗糙，m 不动，可以问，为什
么不动？m 对 M 的合力是多少？指向哪里？

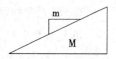

第二层：如果斜面粗糙，m 不动，给 m 加一个竖
直向下的力动不动？在 m 上放一个物体动不动？

第三层：如果斜面粗糙，m 放上去加速下滑，可以问，加速度怎
么求？

第四层：如果斜面粗糙，m 放上去加速下滑，给 m 加一个向下的力，
加速度怎么变化？给 m 上放一个物体，加速度怎么变化？

5．布置作业层次化

苏霍姆林斯基在他的《给教师的建议中》说："在学校里，所以会出
现一些落伍的学生，甚至会出现一些无可救药的学生，就是因为在学校生
活中的最重要的领域——脑力劳动的领域里，对学生缺乏个别对待的
缘故。"

教师要尊重学生在掌握知识上的能力差异，分层次要求完成作业。总
的原则是："分层布置、双向选择、分类指导。"

在教完一节内容后，学生要通过做练习来巩固和提高，因此课后布置
多层次习题是分层次教学不可缺少的环节。课后作业"一刀切"，往往使
A 组学生吃不消，C 组学生吃不饱。为此根据不同层次学生的学习能力，
布置不同的课后作业，一般可分为三个层次：A 层是基础性作业（课后练
习），B 层以基础性为主，同时配有少量略有提高的题目（课后习题），C
层是基础性作业和有一定灵活、综合性的题目（课后复习题）各半。

分层次布置作业要充分考虑到学生的能力，并由学生选择适应自己的
作业题组，克服了"大一统"的做法，使每个学生的思维都处于"跳一
跳，够得着"的境地，从而充分调动了学生的学习积极性，对 A 层的学生
也没有过大的压力，可以减少抄袭作业的现象，减轻学生的课业负担，提
高学生学习的兴趣。

分层收缴、分层批阅、分层指导。在具体实施过程中为了便于操作，
我们在三类学生中分别设了课代表，分门别类收发作业，便于教师批阅。
同时教师在讲评作业和课外辅导时，实行分类指导。

对优秀学生实行作业"加餐制"和"自修制"。

6. 单元考核层次化

单元考核要以课本习题为主，着重基本概念和基本技能，根据 A、B、C 三层次学生的实际水平，同一份试卷拟定出不同层次的单元测试题，提出不同的要求，供三个层次学生按规定要求自由选择完成，也可直接注明部分题只要求 A 层学生完成，部分题只要求 C 层学生完成（用附加题形式）。

例如：根据学生的分层情况，平时阶段性和期中考试，分别设计适合各层次学生的试题，将一份试卷分为必做和选做题两部分，必做题是全体学生都做，而选做题对应同一知识点，按不同能力要求分 A、B、C 三个小题，分别使三个层次的学生选做。如广州一模（2009 年第 17 题）的计算题。

（1）为了安全，在高速公路上行驶的汽车之间应保持必要的距离。已知某段高速公路的最高限速 $v=108$ km/h，假设前方车辆突然停止，后面车辆司机从发现这一情况起，经操纵刹车到汽车开始减速经历的时间（即反应时间）$t=0.50$ s，刹车时汽车受到阻力的大小为汽车重力的 0.50 倍。该段高速公路上以最高限速行驶的汽车，至少应保持的距离为多大？取 $g=10$ m/s²。

（2）如图所示，在绝缘的光滑水平面上有 A、B 两个点电荷，A 带正电，B 带负电，电量都是 q，它们之间的距离为 d。为使两电荷在电场力作用下都处于静止状态，必须在水平

方向加一个匀强电场。求：两电荷都处于静止状态时，A、B 连线的中点处场强大小和方向。（已知静电力常数为 k）

（1）题的检测题可分层次，A 层次：① 速度是表示的物理量 108 km/h$=30$ m/s，② 反应时间是表示汽车在这时间内保持匀速运动行驶的距离为：$s_1=vt=\dfrac{108\times10^3}{3600}\times0.5$ m$=15$ m，B 层次：汽车刹车时汽车做匀减速运动由牛顿第二定律有：$kmg=ma$，得：$a=5$ m/s²。刹车过程中汽车运动的距离为 $s_2=\dfrac{v^2}{2a}=\dfrac{(30)^2}{2\times5}$ m$=90$ m。汽车到达前车速度为零时所求距离为 $s=s_1+s_2=15$ m$+90$ m$=105$ m。

（2）题的检测题可分层次，A 层次：点电荷电场的场 $E_0=k\dfrac{q}{d^2}$，B 层次：知道场强叠加原理 A 点电荷在 A、B 连线中点处产生的场强为 $E_A=k\dfrac{q}{\left(\frac{1}{2}d\right)^2}=4k\dfrac{q}{d^2}$，方向由 A 指向 B，B 点电荷在 A、B 连线中点处产生的场强为：$E_B=k\dfrac{q}{\left(\frac{1}{2}d\right)^2}=4k\dfrac{q}{d^2}$，方向由 A 指向 B，根据电场叠加原理：$E_1=E_A+E_B=8k\dfrac{q}{d^2}$，方向由 A 指向 B；C 层次：电荷受力平衡 $F_{电}=F_B$，$E_0q=k\dfrac{q^2}{d^2}$，得 $E_0=k\dfrac{q}{d^2}$，方向由 B 指向 A，根据电场叠加原理：$E=E_1-E_0=7k\dfrac{q}{d^2}$，方向由 A 指向 B。A 层次为基础题，速度的单位转换、反应时间的物理意义、点电荷电场场强的公式，要求全体学生完成。B 层次：这一层次为提高题，汽车刹车时汽车做匀减速运动并理解位移关系、知道场强叠加原理，A 点电荷在 A、B 连线中点处产生的场强、要求 B、C 层次学生完成；C 层次为提高题，电荷受力平衡和电场叠加原理。学生完成在本检测的基础上，对没有达标的学生，针对答卷中反映的问题，分层归纳整理，进行个别指导，充分利用课内时间帮助查缺补漏。对学有余力的学生提出稍高的要求，鼓励他们多学一点，同时解决"吃不饱"和"吃不了"的问题，就能使全班学生都能学有所得，使学习更加主动。

7. 课外辅导层次化

教师要做补缺、提高工作，充分利用课余时间，积极开展第二课堂，因材施教，给没有过关的 A 层学生补课，给 C 层学生增加一次竞赛讲座。这样可进一步使 A 层学生"吃得了"，能奋发向上；C 层学生"吃得饱"，能充分发展。形成一种你追我赶的学习气氛。

例如：对于 A 层次的学生要进行耐心细致地辅导和讲解，帮助他们树立解决问题的信心，鼓动他们大胆思考和提出问题，努力去解决问题。对于 B 层次的学生，教师可适当点拨，让其思考和讨论。而对于 C 层次的学生鼓励他们独立思考，自主学习和探究。如在复习"弹簧专题"时，对于 A 层次的学生要掌握弹簧特性，弹簧是个储能元件，弹力的计算公式；对

B层次的学生要掌握碰撞后黏合在一起，系统动量守恒，系统损失的能量转化为弹簧的弹性势能；C层次的学生要掌握：第一，当弹簧伸长到最长或压缩到最短时，相关联物体的速度一定相同，弹簧具有最大的弹性势能；第二，当弹簧恢复原长时，相关联物体的速度相差最大，弹簧对关联物体的作用力为零；第三，若物体受到阻力，弹力与阻力相等时，物体速度最大。

辅导应实行分类型、多形式的辅导。一方面应侧重于完成阶段性的学习任务，培养学生的自学能力。这类辅导以不增加课时，不搞全班性补课为原则，进行多形式、多层次的辅导。

对学困生可采取个别辅导的方法，辅导内容从最低点开始，提倡"三超"，即旧知超前铺垫、新知超前预授、差错超前抑制，使学生在教师的指导下学会思考，完成学习任务，掌握学习方法，逐步形成自学能力。

对中等生可采用分组讨论、教师提示的方法，促使中等生相互取长补短，逐步提高自学能力。

对优生除给予较多的独立思考和个别点拨外，可通过成立兴趣小组，参加小课题研究，参加物理学科竞赛来满足他们的求知欲，辅导内容主要是拓宽、加深，以可接受为原则，可适当超出教材教学要求，主要培养其思维、想象、创造的能力。

8. 分层指导应试策略，提高学生考试能力

不管对应试教育的批判多么疾风暴雨，一个不容回避的事实是，考试几乎无处不在地存在于我们的社会中，对学生的终结性评价，还是以考试成绩为主。另外，考试对学生的升学及踏上社会后的发展都是相当重要的，应试能力是人的基本能力之一。科学应对考试，使学生的潜能在考场上得到最充分的发挥，取得优异成绩，也是有效学习的一个重要内容。

(1) 应试策略指导

包括考试心理调整、时间分配、做题顺序和不同题型的答题技巧等。每次统考前，对学生进行应试策略的考试，加深学生对注意问题的认识，以做到考前心中有数，考试沉着冷静。实践证明，应试指导不仅在答题策略上给学生启示，更重要的是帮助学生做好充分的心理准备，使学生尽可能做到会做的题不失分，以考出自己的真实水平，同时也在每次考试中养

成良好习惯，规范答题。

（2）试卷分析统计表

该表内容包括：失分统计、错因分析和错题订正。每次考试后都要学生自己分析考试的得失，将自己会做的题目失分和不会做的题目失分分别做统计，对于会做的题目失分要分析错因，对于不会做的题目则查找该知识点的疏漏，都写在分析表上，交给教师批阅和保存。教师通过批阅试卷分析统计表来总结教学上的疏漏，建立弱科生档案，将出错多的知识点列为薄弱环节，及时巩固。下次考试前将表发给学生翻阅，督促学生提高应试素质。

（3）满分答卷

在学生改错和试卷讲评之后，将试卷中出错率较高以及有代表性的问题摘抄下来，有针对性地稍作改动，重新印发给学生进行二次考试，要求满分。其目的在于督促学生认真落实所学内容和有效应试方法，提高学习的有效性。

9. 评价学生多元化、层次化

苏霍姆林斯基说："学生从事脑力劳动的能力是不同的，有的学生对教材感知、理解、识记得快，在记忆中保持得长久而牢固；而有的学生对教材的感知、理解、识记很慢，而且知识在记忆中保持得不久、不牢固。"因而，对有的学生来说，100 分就是成就的标志；对另一个学生来说，50分就是了不起的成就。教师要善于确定：每个学生在此刻能做到什么程度，如何使他的智力和才能得到进一步的发展——这是教育技巧的一个重要因素。能否保持和培养每一个学生的自尊感，取决于教师对这个学生在学习过程中的正确评价。教师的评价技巧和艺术就在于使每一个学生的力量尽可能地发挥出来，使他们享受到脑力劳动中的成功的乐趣。让学生在老师的正确评价中养成热爱学习、敢于竞争、善于探究、孜孜以求的良好品格。

（1）评价学生层次化

评价不同层次学生的学习状况，应采用不同的评价方法。

对学习有困难、自卑感强的学生，要多给予表扬评价，寻找其闪光点，及时肯定他们的点滴进步，使他们看到希望，逐渐消除自卑。

对成绩一般的学生，采用激励评价，既指出其不足，又指明努力方向，促使他们不甘落后，积极向上。

对成绩好、自信心强的学生，采用竞争评价，坚持高标准、严要求，促使他们更加严谨、谦虚，更加努力拼搏。

这样做不但可以帮助不同层次的学生及时调整适应自身发展的教学起点，而且有利于学生看到自身的进步和不足，保持积极进取的学习热情。

(2) 评价方式多元化

多元主体评价：采用学生自写评语、学习效率自我测定、自画成绩曲线等方式进行自我评价。学生经过自己的一评、一测、一画，更深层次地认识了自我，他就会主动地进行自我调整，从而达到自我完善、自我发展的目的。

生生互动评价：学生之间互写评语，小组讨论写评语。学生在互动评价中，借助他人的眼睛，就更加全面、客观地认识了自己。同时，增加了学生间的沟通，加深了同学间的友谊，增强了班级凝聚力，为提高教与学的效率，创造了一个和谐的集体环境。

师生互动评价：我们要改变只有老师对学生有评价权的旧的评价方法，建立了一种师生互动的评价机制。老师可以对学生做出评价，学生也可以对老师做出评价。这种评价机制，改变了教师的师道尊严，增强了师生的民主意识和平等意识，有利于建立民主、平等、融洽的师生关系。融洽的师生关系，是提高课堂教学效益的巨大动力。学校在每学期的期中和期末，可分别组织两次师生互动评价。

多年的教学实践证明，以尊重为前提的多元分层评价的班级授课模式，有利于教与学有效性的提高，有利于成就学生多彩的人生。

总的来说，分层次教学对教师的要求更高，工作量更大。需要教师有强烈的责任心和求实、创新的工作作风。面对学生"参差不齐"的实际水平，要正确地运用"分层次教学"，可使学生的学习目的性更明确，自觉性更强，学习兴趣更浓厚，达到缩小两极分化、大面积提高物理教学质量的目的。分层次教学是一种新的操作难度大的工作，有待在今后的实践中继续探讨与改进。

第三节　新课标的理解和使用研究

一个低水平的教师，只是向学生奉献真理，而一个优秀的教师是让学生自己去发现真理。

——第斯多惠

在有效教学理念的指引下，在新课改的形势的要求下，在实验校这块沃土的培养下，为了适应 2007 年我省进入新课改的要求，我在 2006 年暑假提前收集资料，研究新课标，并应邀赴外地做"新课标的理解和使用"报告。

自 1952 年教育部颁布第一个《中学物理教学大纲（草案）》至 2000 年全日制普通高级中学《物理教学大纲（使用修订版）》，物理教学大纲始终作为我国物理教材编写、教与学、课程管理与评价的重要依据。2001 年，我国将沿用已久的"教学大纲"改为"课程标准"。自 2001 年 7 月至今，《物理课程标准》已经实验五年多了。在这五年多的时间里，《物理课程标准》已经成为物理教学改革的焦点和热点。那么，《物理课程标准》是在什么背景下出台的，它与传统的教学大纲相比到底有何不同？我查阅了一些资料对其作一些分析比较，通过这一系列问题的研究，使我深刻体会到基础物理课程改革的重要性及其已带来的重大变化。也让我明白了传统形式的中学物理教师无论是从观念上，还是素质上都需要进一步地学习和提高，以便胜任新课改的需要。教师角色的转换，素质的提高已成为大势所趋。作为新的教育形势下的物理教师，更应明白当前教育形势所要具备的基本素质。

一、课程改革的现状与背景

课程是学校教育的基础，课程理论是教育科学体系中的重要分支。课程改革一直是西方教育的核心，课程研究始终是西方教育理论的中心论题，而在我国却是长期重教学轻课程。世纪之交，当我国基础教育高举全面推进素质教育的旗帜，为实施科教兴国战略，切实履行"奠基工程"职责的时候，我国新一轮基础教育课程改革启动。经过充分酝酿和研究，教育部制定了《基础教育课程改革纲要（试行）》，确定了课改目标，研制了各门课程标准或指导纲要。遵循"先实践，后推广"的思路，新课程已经于 2001 年 9 月在全国 38 个国家级实验区进行了实验，现在又进一步扩大，新课程正走进校园，走进师生生活。基础教育课程改革正在实践中不断深化，并昭示其强大的生命。《全日制义务教育物理课程标准（实验稿）》及《普通高中物理课程标准（实验）》正是在深化基础教育改革，全面推进素质教育的背景下产生的，它们以全新的课程理念出现在我们面前。

二、基础物理课程改革的新课程标准

《全日制义务教育课程标准（实验稿）》及《普通高中物理课程标准（实验）》将义务教育阶段的物理课程及高中阶段的物理课程培养目标定位为：提高全体学生的科学素养，满足全体学生的终身发展需求。又依据不同教育阶段发展需求及学习要求提出了义务教育阶段及高中教育阶段物理课程的基本理念和课程目标。

课程基本理念包括：课程目的为提高全体学生的科学素养；在课程实施上注重科学探究，自主学习，提倡教学方式多样化；在课程评价上要更新评价观念，构建新的评价体系，促进学生发展；注意学科渗透，关心科技发展。在义务教育阶段课程基本理念还包括：注重学生发展，改变学科本位；从生活走向物理，从物理走向社会；在高中教育阶段基本理念还包括在课程结构上注重共同基础，体现选择性。在课程内容上体现课程的时代性、基础性和选择性。

义务教育阶段物理内容标准由科学探究和科学内容组成。

科学探究包括提出问题、猜想与假设、制定计划与设计实验、进行实验与收集证据、分析与论证、评估、交流与合作等要素。科学内容含有三个主题：物质、运动和相互作用、能量。其中物质包括物质的形态与变化、物质的属性、物质的结构与物体的尺度、新材料及其应用等。运动和相互作用主要包括多种多样的运动形式、机械运动和力、声和光、电和磁、能量守恒、能源和可持续发展。高中物理内容标准由两个必修模块和

10 个选修模块共 12 个模块组成。其中物理 1 和物理 2 为共同必修模块，其余为选修模块。学生完成共同必修模块的学习后，可获得 4 学分，接着必须再选择学习 1 个模块，以便完成 6 个必修学分的学习任务。在获得 6 个必修学分后，学生还可以根据自己的兴趣、发展潜力以及今后的职业需求继续学习若干选修模块。共同必修——物理 1、物理 2：这是全体高中学生的共同学习的内容。在该模块中，学生通过学习运动描述、相互作用与运动规律、机械能与能源、抛物运动与圆周运动、经典力学的成就与局限性等物理学的核心内容，经历一些科学探究活动，初步了解物理学的特点和研究方法，体会物理学在生活和生产中的应用以及对社会发展的影响，同时为下一步选学模块做准备。选修系列 1－1、1－2：本系列模块以物理学的核心内容为载体，侧重物理学与社会的相互作用，突出物理学的人文特色，注重物理学与日常生活、社会科学以及人文学科的融合，强调物理学对人类文明的影响。选修系列 2－1、2－2、2－3 课程模块以物理学的核心内容为载体，侧重从技术应用的角度展示物理学，强调物理学与技术的结合，着重体现物理学的应用性、实践性。选修系列 3－1、3－2、3－3、3－4、3－5 模块侧重让学生较全面地学习物理学的基本内容，进一步了解物理学的思想和方法，较为深入地认识物理学在技术中的应用以及对经济、社会的影响。无论哪一模块，不仅含有物理学概念、规律和实验，而且含有物理与社会发展、物理与技术应用、物理与生活等方面的内容。在课程实施建议部分，分别为教师、教材编写者、教育管理人员提供了编写建议、教学建议、课程资源开发和利用建议以及学生学习评价建议。

三、《物理课程标准》与《物理教学大纲》的对照分析

1. 制订《物理课程标准》与《物理教学大纲》的出发点不同

在对教学内容的要求方面，课程标准是"最低要求"，是下限，可以超越标准；而教学大纲是"最高要求"，是上限，不能超越大纲。我们过去考虑物理课程时，往往从物理学科本身出发，首先想到物理学中有哪些内容，想到物理学的学科体系和逻辑结构，也就是想到哪些知识是所谓的主干知识、哪些知识是中学生应该学习的、哪些能力是应该训练的……在这样的思维模式下设计我们的物理课程。《物理课程标准》考虑课程目标、

课程内容等问题的出发点与此不同，它不以物理学本身的内容、结构为出发点，而是首先考虑公民科学素质的提高，着眼于学生的发展。有些在物理学中是十分重要的知识，在中学物理课程中可能并不强调；有些并不属于物理学的内容，在课程中却又安排在十分显眼的地位；有些在物理学中通常认为很重要的能力，例如逻辑推理能力、演绎的能力等，《物理课程标准》并不强调。这样做的原因在于《物理课程标准》是以物理学的内容作为载体，使学生获得终身学习的兴趣，学习的习惯及一定的学习能力，帮助学生树立科学的价值观，而不是向学生全面地介绍物理学。

2.《物理课程标准》与《物理教学大纲》的侧重点不同

在对教学目标的确立方面，教学大纲关注的是学生在知识和技能方面的要求，而新的课程标准提出了知识与技能、过程与方法、情感态度与价值观三位一体的课程目标。《物理课程标准》较为全面阐述了中学阶段物理课程性质、课程基本理念和课程标准设置。相比之下，《物理教学大纲》是从教与学的角度，对教学目的、教学内容的确定、教学中应该注意的问题等方面作了原则性叙述，并按照学科体系为中心，对教学内容、教学要求和课时安排等内容进行了大篇幅的叙述。相反，《物理课程标准》并没有从物理学科的角度追求知识的全面与完整，对于概念、规律不过分追求表述的准确性、逻辑关系的严密性，而是全面考虑课程在知识与技能、过程与方法、情感态度与价值观等方面的教育作用。

3.《物理课程标准》更为强调过程和方法的学习，高度重视科学探究的教育作用

在中学教育的物理课程中，使学生学到获取知识的方法、增强探究未知世界的兴趣和能力，以及学生对于科学本质的理解和科学价值观的树立，是与科学知识的学习同等重要的。因此，《物理课程标准》十分强调科学探究的主要环节、探究能力的表现，以及探究教学的形式，并分析了探究教学的实例。所以，《物理课程标准》把"过程与方法"作为课程目标之一，与知识与技能、情感态度与价值观并列。与《物理教学大纲》的不同之处还在于，它除了使用"知道""理解"等描述学习结果的行为动词外，还使用了描述学习过程的行为动词来表达对学习的要求。

4.《物理课程标准》更强调课程在情感、态度、价值观方面的教育功能，《物理教学大纲》关于情感、态度、价值观方面的教育涉及的内容较少，在其主要篇幅"教学内容和教学要求"中完全没有给出这方面的具体要求。《物理课程标准》非常强调中学教育中的物理课程在情感、态度、价值观方面的教育作用。它在"课程目标"中有一节专门给出了这方面的详细而具体要求。在"内容标准"的"科学内容"部分，无论是具体的知识内容还是活动建议，选择时都考虑到了在情感、态度、价值观方面的教育作用。

四、新课标中贯彻全新的理念

在新一轮的课程改革中，基础物理教育目的是培养全体学生的科学素养。这不是面向少数学生的精英教育，而是面向全体学生的大众教育。无论其年龄、性别、民族、文化和社会背景等有什么差异，都应该有机会接受基本的科学素质教育。并且应该是全面的科学教育，使学生在科学知识与技能、过程与方法、情感态度与价值观等方面得到全面的教育。依据基础物理教育的目的定位形成了物理课程改革的基本理念。

理念一：在课程内容上体现时代性、基础性、选择性。在共同必修部分，学生通过学习运动描述、相互作用与规律、机械能与能源、抛体运动与圆周运动、经典力学的成就与局限性等，进一步体会物理学的特点和研究方法，了解自己的兴趣和发展潜能，体会物理学在生活和生产中的应用以及对社会发展的影响。同时为后继课程的选择和学习做准备。

理念二：在课程目标上注重提高全体学生的科学素养，而非精英教育或职业教育。基础物理课程旨在提高全体学生的科学素养。从知识与技能、过程与方法、情感态度与价值观三个方面培养学生，为学生终身发展、应对现代社会和未来发展的挑战奠定基础。注重全体学生的发展，改变学科本位的观念。课程的设置主要以学生的发展为主，而非学科体系自身的完备。以前过分强调学科中心或学科本位，将课程重点放在学科的完善上，这就导致学习内容难、繁、偏、旧等。并且物理教学也容易侧重于知识的灌输，这无疑会影响学生学习物理的兴趣，使学生对物理产生畏难情绪。因此在新课程设置时，更多地关注学生的发展需要，适应学生的认知特点。在课程结构上注重共同基础，体现选择性。高中物理是普通高中科学学习领域的一门基础课程，与九年义务教育物理或科学课程相衔接，旨在进一步提高学生的科学素养。必修模块是为全体学生设计的，旨在引导学生学习基本的物理内容，了解物理学的思想和科研方法，初步认识物理学对科学技术、经济、社会的影响。

理念三：在课程实施上注重科学探究，自主学习，提倡教学方式多样化。成功的科学教育要使学生既能学到科学概念又能发展科学思维能力。实践证明，探究式学习方法是学习科学的一个强有力的工具，能在课堂上保持学习者强烈的好奇心和旺盛的求知欲。由前面的基础物理教育的目的定位可知，物理学习的主要目的不仅是学习物理知识，更重要的是让学生通过学习物理知识，学会学习，学会探究，学会方法，养成正确的价值观。学生在探究式学习中不仅能产生浓厚的学习兴趣，还能感受到自己的失败与错误，通过纠正错误，逐步走向正确，真正体会到成功的喜悦。本质不能给予，只能发现。富有探索性的物理学习实践是发现物理现象背后的本质关键，亦是物理素养形成的过程。物理学素养必须通过每个学生自己发现本质的过程来形成。当然，科学探究不是唯一的课堂教学方式，教师可根据具体内容灵活地选用不同的教学方式。因此，物理新课程改变了过分强调知识传承的倾向，让学生经历科学探究过程，学习科学研究方法，培养学生的探索精神、实践能力以及创新意识。通过多样化的教学方式，使其逐步形成科学态度与科学精神。

理念四：在课堂评价上强调更新观念，构建新的评价体系，促进学生发展。我国以往的评价体系在评价内容上过多地倚重学科知识，特别是课本上的知识，忽视对解决实践问题的能力、创新能力、实践和动手能力、良好的心理素质与科学精神、积极的学习情绪等方面综合素质的评定；有关评价指标单一，重在评价共性与一般趋势，忽视了个体之间的差异性；而评价主体仍以教师为主，虽然有一些学生自我评价，但总的来说学生还是处于消极的被评价地位；评价结果则过分强调终结性评价结论，而忽视各个时期个体的进步状况，因此不能起到促进发展的作用；评价方式与方法过分强调评价的标准化，一切都要求量化。由于教育现象是十分复杂的，将复杂的教育现象简化成若干量化指标，不仅无法从本质上客观反映学生的发展，而且丢失了教育中最有意义的东西，使学生生动活泼的个性被抽象成僵硬的数字，而个性复杂性和学生发展的丰富性则泯灭于其中。评价手段多采用传统的纸笔方式，过于重视纸笔测验，强调量化成绩，而对学生在其他方面的表现几乎没有评价的手段，缺少体现最新评价思想的技术与方法；评价实施过程显得封闭、静态、缺乏灵活性与动态性。因此在新的一轮课程改革中，必须构建与新课程改革理念相适应的评价体系，以便实现基础物理的课程目标。

理念五：注意学科渗透，关心科技发展。在近代科学诞生之前，人们看待周围的事物，多以感性直观的方式。并由此对认识的对象和知识进行分类。这可以说是人类认识世界的最本质的起点。随着认识的深入，在近代科学诞生的特定历史阶段，由于认识发展的需要，愈加深化细化的研究方式成为主流，人类关于周围世界的知识被分成不同的学科，这种人为的划分具有更方便地描述不同类别事物性质的优点，但也丧失了对于自然界的整体把握。然而，近代科学的进一步发展，特别是 20 世纪以来的科学进步逐步揭示物质的不同存在形式和运动形式之间存在着内在的本质的联系，发现了原来被分开的各门学科之间的联系和共性，以及各门学科所共有的最基本、最本质的概念。在这种综合中，自然界的本质进一步得以显示。因此为了培养符合时代发展需要的理想人才，为了使学生全面发展，需要让学生整体地了解科学的发展以及与社会科学的相互渗透等。

五、如何使用新课标

1. 做好"两个"结合

即《物理课程标准》与《物理教学大纲》的结合，做好"新教材"与"旧教材"的结合。通常，评估体系的建立总是滞后于教学改革的。在实践中，就难免以老标准衡量考察新的教学行为。传统注入式教学模式，注重学生对书本知识的掌握与运用，与此相应的教学评价便以考试成绩为核心，统考排队是多年来惯用的教学检查手段。这在一定程度上直接导致了应试教育的产生发展。一方面，人人都深知应试教育之弊，另一方面，对教学效果进行评价时，又常常落入应试教育的巢穴。因此，在教学过程中发挥《物理课程标准》、"新教材"的作用，注重提高学生的科学素养；同时，还要发挥《物理教学大纲》和"老教材"学科体系完整的优势，将其有机结合，达到提高学生科学素养和应对统考的双重目的。

2. 找准实施新课程的突破口，重视科学探究的教学

（1）要善于激发、培养每个学生进行科学探究的兴趣和热情

从学生的兴趣、爱好和生活实际出发，选择探究活动的内容，创造性地设计贴近学生实际的探究活动，吸引和组织全体学生积极参与。

（2）在组织学生进行探究活动时，要及时地给予指导和帮助，引导学生逐步熟悉科学探究的全过程，掌握科学探究的方法，提高科学探究的能力。

变学生的被动学习为主动学习，这是实施新课标教学的目的之一，也是我们重点和首要解决的问题，特别是对学生普遍感觉较难的物理学科，是使学生产生持续兴趣的直接动力。变被动接受为主动参与，特别是现在一些学生，习惯了教师讲多少就得多少，教师不讲的就不去研究，这样被动学习对高中物理学科来说是肯定不行的。教师应多鼓励他们多些去探索，自己找出物理规律，特别在上课的重要环节，更要放手让学生去探索，找规律，而不是像以前一样，由教师自己得出规律。

变只重视掌握、运用为重视探索过程。在应试教育中，我们有很多行之有效的办法，如"精讲多练"等，但这些方法分析一下就会发现，都是以已确定规律、定理公式成立的基础上进行的，而对于探索规律、定理的过程，我们教师往往是一笔带过，甚至不去理睬，但这一过程往往就是学生以后能否有所建树的重要环节。在物理教学中这样本末倒置的确与教学的初衷背道而驰，这是应试教育的一个弊端，也是我们高中物理教师应认真考虑的一个环节。

（3）转变学习方式

学习方式转变绝不是意味着用一种方式（方法）代替另一种方式（方法），用自主学习代替指导学习，用合作学习代替个体学习，用探究学习代替接受学习；而是强调由单一性转向多样性，由片面学习转向全面学习，由狭义学习转向广义学习，让学生在读中学、玩中学、做中学、游中学、听中学、思中学、合作中学……让学生了解和掌握更多的学习方式，让身体更多的器官参与学习，从而获得学习中的乐趣与全面和谐的发展。

提升学习品质和精神。

（4）转变教学中的师生关系

新理念中师生关系定义为交往。那么如何实现交往，有的表现为虚假交往，即形式的交往：形式的交往广泛存在于课堂教学中，这类交往徒具交往的形式，而无实质性内容。其表现样式颇多，如教师为讨论而安排讨论，而不是为了促进学生之间的相互交流与理解，因此交往内容的安排、交往方法的运用及交往时机的选择都存在着诸多的问题，正是这些问题的存在造成了课堂教学交往中诸多"空壳"现象的出现。有的表现为造作的交往：造作的交往是一种经过特殊"包装"的交往。相比较而言，这类交往多了一份斧凿，少了一份自然。从其目的看，是为了加强双方的交往，表面上似乎也有利于交往的顺利进行。但这类交往的过程无法满足交往双方的期望与需求，无法实现各自的利益与价值，交往过程也因此失去了互惠性，远离了真实。再就是垄断的交往：其特征是交往为少数人所独享。在课堂教学中，学生之间是存在着差异的，而正是这些差异性的存在，使得课堂教学交往呈现出垄断性。交往的垄断性还体现在交往的言语形式上，即在交往过程中教师都处于一种优势地位，"认为自己比学生优越，对学生耳提面命，不能与学生平等相待，更不能向学生敞开自己的心扉。"在这种情形下，课堂教学交往很容易演变为独裁的交往，教师是交往的发起者，学生是执行者，教师要做的就是对学生实行控制。

发生在课堂教学中的真正的交往，至少应该具有以下特征：

一是平等对话。课堂教学中师生之间的平等对话不仅是指他们之间狭隘的语言谈话，而且是双方的"敞开"和"接纳"，是对双方的倾听，是双方共同在场，相互吸引、相互包容、共同参与的关系。平等对话应该是师生之间的相互接纳与分享，是双方的交互性和精神的承领。要建立起平等对话的师生关系，就必须化解师生间、生生间森严的壁垒。一方面要实现师生之间的平等，即在交往过程中承认学生的主体性，给予学生所应该享有的权利，给予学生主动发言、参与的机会。另一方面，生生之间也必须是平等的，教师既不能在课堂教学中使一部分学生成为交往的"贵族"，也不能使一部分学生沦落为交往的"奴隶"。要实现师生之间的平等，教师就应该学会"屈尊""倾听"。而要实现生生之间的平等，教师就要学会调控自己，消除自己的依顺心理，用各种各样的方式平等对待学生，调动学生参与的积极性。

二是互相尊重。教师对学生的尊重主要表现在三个方面：一是教师要尊重学生真实的内心体验和情感。教师要设身处地从学生角度思考问题，要重视学生的存在和需要，如在认知关系上，教师不能以成人的认知方式去要求学生，不能忽视学生自己的认知方式。在情感关系上，教师不能忽视了学生作为未成年人所感受到的情感体验以及他们的情感需要。在社会关系上，教师作为社会的代言人、教育者和知识的传授者，应该民主平等地对待学生。二是教师要在此基础上尊重学生的行为选择。三要尊重学生的奇思妙想。

（5）变被动评价为主动评价

从由教师的评价到由学生进行自我评价是教学的另一个重大转折。这样，学生变得更自觉、更有活力了，也对自己的学习负起了责任。如学完每一章后，要求学生对自己的学习情况进行评价，会促进学生对这段学习过程的反省，这也是以后学生适应社会的重要环节。还要重视科学探究中的评估、合作与交流。要通过持之以恒的科学探究，实实在在提高学生的"探究能力"，也能全面提高学生的学习水平。课程标准提倡评价主体的多元化、评价方式的多样化，强调过程评价和评价的教育发展功能；而教学大纲关注的是学生对知识和技能的掌握程度，重视终结性评价和评价的筛选评判功能。总而言之，目前课改的最大障碍是高考制度和人们观念。

对于物理课教学来讲，实践操作是一种被证明为行之有效的好的教学手段，因此在实际教学中，应该让学生多动手、多实践，在实践中发现并总结规律。

其次，教师在课堂教学中充分运用现代化教学手段和设施，为教学创造了良好的硬件条件，把抽象知识转化为形象的画面刺激学生的感官，增强记忆和理解，也强化了抽象原理的直观形象性，教学活动取得了较好的效果。

在鼓励学生自主探索的同时，首先，要注重培养学生之间的合作与交流。其次，在教学活动中无论是讲授课还是活动课，教师都应该适时地积极对学生做出评价。这能够促进教学活动的开展并激发和保持学生的学习兴趣。再次，在教学活动开展的过程中，教师还应端正学生学习物理的态度，化被动学习为主动学习，培养学习的自主性。

第四节　"支架式教学模式"研究

一切真理要由学生自己获得，或由他们重新发现，至少由他们重建。

——皮亚杰

一、支架式教学的定义

根据欧共体"远距离教育与训练项目"的有关文件，支架式（搭建脚手架）教学被定义为："支架式教学应当为学习者建构对知识的理解提供一种概念框架。这种框架中的概念是为发展学习者对问题的进一步理解所需要的，为此，事先要把复杂的学习任务加以分解，以便于把学习者的理解逐步引向深入。"

二、支架式教学的理论基础

支架式教学思想是来源于苏联著名心理学家维果斯基的"最邻近发展区"理论。维果斯基认为，在儿童智力活动中，对于所要解决的问题和原有能力之间可能存在差异。通过教学，儿童在教师帮助下可以消除这种差异，这个差异就是"最邻近发展区"。换句话说，最邻近发展区定义为，儿童独立解决问题时的实际发展水平（第一个发展水平）和教师指导下解决问题时的潜在发展水平（第二个发展水平）之间的距离。可见儿童的第一个发展水平与第二个发展水平之间的状态是由教学决定的，即教学可以创造最邻近发展区。因此教学绝不应消极地适应儿童智力发展的已有水平，而应当走在发展的前面，不停顿地把儿童的智力从一个水平引导到另一个新的更高的水平。

建构主义者正是从维果斯基的设想出发，借用建筑行业中使用的"脚手架"作为上述概念框架的形象化比喻，其实质是利用上述概念框架作为学习过程中的脚手架。

而所谓的"脚手架"可能是一种教学策略和教学工具，也可能是一种教学方案和教学方法。

维果斯基指出，儿童的第一个发展水平与第二个发展水平之间的状态是由教学决定的，即教学可以创造最邻近发展区。因此教学不应消极地适应儿童智力发展的已有水平，而应当走在发展的前面，不断地把儿童的智力从一个水平引导到另一个新的更高的水平。由此，维果斯基引出了辅助学习的理念，认为人的高级心理技能，如对注意的调节以及符号思维等，最初往往受外在因素的调节、辅助，而后才逐渐内化为学习者的心理工具。概言之，儿童的自主、自律能力，是外部调节、辅助或者是他律逐步内化的结果。孩子之所以在某方面学会自律，是因为外部呈现的行为规范被他接受并内化成自己的行动准则；孩子之所以能够解答某道数学题，是因为教师示范的解题步骤内行成他自己的运算规则。

认同这些观点的研究者认为，合适的教学应该因循从外部辅导到学生内化这一顺序进行。教师应该是通过为学生提供学习支架，把管理学习的任务逐渐由教师转移给学生自己。具体说来，教师首先在学生的现有知识水平和学习目标之间建立一种帮助学生理解的支架，然后在这种支架的支持下，帮助学生掌握、建构和内化所学的知识技能，最后再逐步撤除支架，让学生独立完成对学习的自我调节。

三、支架式教学的教学环节

当前国外流行的支架式教学，实际上融合了情境教学、合作学习、最近发展区等多种理论观点，它以理论整合为特征，以实现学生的自主为旨归，因而典型的教学环节如下：

第一，搭建支架——围绕当前学习主题，按"最近发展区"的要求建立理解框架。

第二，进入情境——将学生引入一定的问题情境。

第三，独立探索——让学生独立探索问题情境中所蕴涵的意义，抽取出问题的实质，努力解决这一问题。

第四，协作学习——进行小组协商、讨论。在共享集体思维成果的基础上达到对当前所学知识的比较全面、正确的理解，即完成对所知识的意义建构。

第五，效果评价——对学习效果的评价包括学生个人的自我评价和学习小组对个人学习的评价。评价内容包括：自主学习能力，对小组协作学习所做的贡献，是否完成对所学知识的意义建构。

无论支架式教学的环节如何，其核心思想都是通过学习辅助（亦即搭建支架），让学生逐步实现独立解决问题的能力。我们可以从下述教学情境中更为直观地把握住支架式教学的实质。

四、支架在教学中常见的表现形式

1. 教学中搭建的脚手架通常是范例、问题、建议、图表、工具等

（1）范例

范例即是举例子，它是符合学习目标要求的学习成果（或阶段性成果），往往含纳了特定主题的学习中最重要的探究步骤或最典型的成果形式。如教师要求学生通过制作某种电子文档（多媒体演示文稿、网站、新闻稿等）来完成学习任务时，教师可以展示前届学生的作品范例，也可以自己从学生的视角出发制作范例来展示，好的范例在技术和主题上都会对学生的学习起到引导作用。范例展示可以避免拖沓冗长或含糊不清的解释，帮助学生较为便捷地达到学习目标。

（2）问题

问题是学习过程中最为常见的支架，相对"框架问题"而言，支架问题的系统性较弱，有经验的教师会在学生的学习过程中自然地、随机地提供此类支架。同时，在特定主题的学习中，"支架问题"往往比"框架问题"更具结构性，更加关注细节与可操作性。当教师可以预期学生可能遇到的困难时，对支架问题进行适当设计是必要的。

（3）案例

学生在比较全国各主要城市的安全性时，不知从哪个方面入手。教师问：各个城市的犯罪比例是多少？在过去的十年间是如何变化的？

（4）建议

当学生在独立探究或合作学习过程中遇到困境时，教师提出恰当的建

议，以便于学生的学习顺利进行。当设问语句改成陈述语句时，"问题"支架就成为"建议"支架。与"问题"支架的启发性相比，"建议"支架的表现方式更为直接。

（5）图表

图表包括各种图式和表格。图表用可视化的方式对信息进行描述，尤其适合支持学生的高级思维活动，如解释、分析、综合、评价等。图表的形式变化多端，如概念地图、维恩图、归纳塔、组织图、时间线、流程图、射线图、目标图、循环图、比较矩阵等。

（6）工具

在以学为主的教学活动中，为了保证学生学习过程的顺利实施，而提供的认知、会话、协作、展示平台、共享平台等工具，如知识库、语义网络、专家系统、概念图、BBS、电子白板、新闻组、PPT 等。

2. "脚手架"的另一个"标准解"

美国的"督导与课程开发协会"发布过一个文件，说要为进行复杂学习而提供"脚手架"，以作为"有效教学"的策略。现把它们录译如下，共 9 条：

（1）程序便利措施

提供一个脚手架，以帮助学生学习内隐的技能。例如教师鼓励学生在读了一篇文章后，使用"谁""什么""何时""何地""如何""为何"来提问。

（2）建立使用便利措施的范型

承上例，教师自己提问给学生看。

（3）出声思维

建立教师的专家性思维过程，向学生显示他们在使用程序便利措施来解决问题时可以做的修改和选择处。

（4）预料难点

教师在展示范型和做演示时，可以假想学生会犯的错误，然后对之展开讨论。

（5）提供提示和卡片

把程序便利措施写在卡片上，供学生随时参考。随着学生练习下去，卡片渐渐变得不重要。

（6）调节难度

涉及内隐技能的作业要先呈现一个简单的问题，然后为解题的每一步提供练习，逐渐增加作业的难度。

（7）提供半成品

给学生一个已经解决了一半的问题，要他们得出结论，这是教学生如何最终独立解决问题的一个好方法。

（8）互惠教学

学生和教师轮换角色，而在学生扮演教师主持讨论时，教师给予支持。

（9）提供核查表

把自我检查程序教给学生，帮助他们调节自己的反应质量。

五、脚手架的类型

脚手架，根据其在"教"与"学"中的不同情境和作用及其主体的不同，大体可分为"教学脚手架"和"学习脚手架"两个大的二级类属。当然，在其下还可继续进行细化及不同的分类。

1. 教学脚手架

在教学中使用的脚手架，整体上可分为两类。一类是通过人际交互发挥作用的脚手架，可称为交互式脚手架，另一类是把人的智慧和文化功能固化在工具和技术设备上的脚手架，这类脚手架可称为工具式脚手架。

（1）交互式脚手架——教师角色的重新定位

交互式脚手架的类型很多，主要包括：教师讲解与解释、模拟或示范、为降低学习材料难度向学生提问、提示和暗示、游戏活动、头脑风暴、小组讨论、合作学习、反馈与评价等。

要使交互式脚手架更好地发挥作用。首先，教师必须创设良好的课堂活动气氛，让学生在心理上感到轻松和安全，感受到教师对他的鼓励和期待。其次，在交互作用过程中，应该让学生感到他们的观点和意见都是有价值的，能受到教师的尊重，而不会立即收到教师的消极评价。教师需要做的是，通过讨论和辩论，帮助学生判断。让学生相互帮助、合作思考、不断质疑，只有在这种气氛中，学生才能不断产生认识上的不平衡，才能产生智力上的挑战，才能激发更大的学习兴趣。

（2）工具型脚手架——计算机的作用

随着科技的不断发展，工具式脚手架不断涌现，在教学中发挥的作用越来越大。工具式脚手架种类繁多，根据其功用可分为：导师型工具、激励型工具、替代经验型工具。将声音、图像、动画融为一体的多媒体课件以及其他电子和媒体工具，为学生的学习活动提供了崭新的学习环境，特别值得一提的是网络极大地扩展了教学的时空。

但大前提是教师必须要了解学生已有的发展水平，包括语言知识和经验、个人兴趣、思维发展的特点和水平等；然后，根据教学目的要求，选择适当的话题和题材，设置不同类型的脚手架，将学生引入问题情境中，直到学生能独立完成任务，达到新的发展水平。

2. 学习脚手架

学习脚手架是指为学生学习提供帮助和支持的有效材料，如提供学习方法、途径、方向，提供模仿的对象、范例，提供使用的工具，提供观察的实物等。脚手架可以教师提供，也可学生自己提供或相互提供。

而根据其应用性质的不同，又可对其进行如下细分：

（1）目标性脚手架

学习理论认为，当一个学习者明确自己的学习目标时，学习动机会增强，学习效率会提高。

平时，教师备课、上课也有明确的目标，常常是给自己看或应付检查的，很少让学生明白了解。因此学生的学习总是有些茫然和被动。事实上，我们在教学中把学习目标明确提示给学生后，学生的学习便更加具体、清楚。同时，教师和学生一起对目标进行分解，了解实现目标的困难、障碍在哪里，看看总目标可以分成几个小目标来完成。

这种以帮助学生了解和明确学习目标为目的的"脚手架"，便被称为目标性脚手架。

（2）任务性脚手架

任务是实现目标的载体，是学习新知识、锻炼提高能力的最好驱动。

任务性脚手架主要是帮助学生明确和分解在完成目标的过程中需要做

哪些事情，先后顺序怎样。

(3) 问题性脚手架

问题是引导学生获取知识的动力，它可以呈现一种问题情境，激发学生的学习兴趣。

(4) 方法性脚手架

方法性脚手架的提供与传统意义上的学习方法指导有相同之处，但更加开放和全面。教师在教学过程中结合学习内容教给学生学习方法，如听课方法、读书方法、记笔记方法、做摘要方法、查阅资料方法等；教给学生思考问题的方法，如比较、类比、归纳、概括、演绎和分类等；教给学生解决问题的方法，如提出问题，设计解决方案、搜集资料、进行论证、做出结论等。教师要将解决问题可能需要的方法尽可能多地告诉学生，并指导学生学会运用。

(5) 模板性脚手架

模板性脚手架是为学生的学习提供一个范例、一个模板，也就是为学生提供一个模仿的对象、一个可以更换内容的框架，使学生能够进行知识的迁移学习。

(6) 评价性脚手架

这是非常重要的一个脚手架，它告诉学生怎样评价自己的学习成果和效率。过去我们也有评价，但那只是一节课结束时的点缀，是教师的"单边行动"，学生无法预知。不利于学生学习积极性的调动，无法让学生对自己的学习进行反思和调控。所以我们应该在为学生的学习提出目标的同时，也要提出相应的评价标准，让学生知道自己在每一环节步骤中的表现达到什么样的水平；自己完成了多少任务即可以得到什么样的评价。

六、脚手架的问题

1. 看似神秘莫测、深奥至极，实则通俗易懂，深入浅出。

2. 看似平淡无奇、尽人皆知，实则个中乾坤，变化无穷。

3. 对"脚手架理论"的体验评价。

(1) 何种程度才算是把握了"脚手架"理论的真谛和精髓呢？我个人认为，真正地对"脚手架"理论的深入理解，应该是我们能把"脚手架"

教学的做法表述得十分具体、亲切与实际，真正可以用"返璞归真"来对其圈点。而对比之下，我们的教育心理学教科书上对"脚手架"教学的表述就抽象多了，它们使我们这些学习者只觉得"有道理"，却无法很轻松地学着做。

（2）"脚手架"理论是舶来品，而我们在引进这类新思想、先进理论时要能切实地联系自己的历史和实际，从而才能设计出真正设计出适合自己且具有自主知识产权的"新鲜"的教学方法和理论。

（3）在"脚手架"的搭建过程中，还应注意"一般性"和"特殊性"的问题。

七、"自由落体运动"支架式教学设计

一、教材分析：

根据高中物理新课程的目标要求，本节教学目标包括三个方面：知识和技能目标、过程与方法目标、情感态度与价值观目标。为了全面完成各项教学目标，本节教学设计以实验探索为主线，充分展现隐含在本节内容中的科学探究方法和科学思维方式。首先，通过"测反应时间"的实验游戏激发学生学习兴趣，引出研究的问题——自由落体运动，接着从生活经验和亚里士多德的观点出发进行巧妙推理，使亚里士多德的理论陷入自相矛盾的境地，引起学生探究的兴趣。在此基础上学生自主进行实验探究，通过对实验结果的分析和相互讨论得出初步结论——生活中，物体下落快慢与空气阻力有关，进而通过"牛顿管"实验进一步验证设想，得出自由落体运动的定义，领会伽利略的思想和精神。再次，通过引导学生自主进行实验探究得出自由落体运动的性质，并利用匀变速直线运动的规律定量求出自由落体的加速度和规律。最后，呼应开头，让学生研究反应时间尺的制作原理。

二、教学流程图

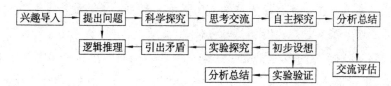

通过这一系列的活动，调动学生自主学习的积极性，并使学生对科学探究有一定的了解。

三、学习目标

1. 知识与技能

（1）认识自由落体运动，知道影响物体下落快慢的因素，理解自由落体运动是在理想条件下的运动。

（2）用打点计时器得到相关的运动轨迹，并能自主分析纸带上记录的位移与时间等运动信息。

（3）培养学生的观察、概括能力。

2. 过程与方法

（1）经历实验探究的过程，体验科学探究方法，在研究物理规律的过程中抽象出一种物理模型——自由落体运动。

（2）渗透物理方法的教育，初步学习使用变量控制法。

3. 情感态度与价值观

（1）调动学生积极参与讨论的兴趣，培养逻辑思维能力及表述能力。

（2）体验探究自然规律的喜悦，发展对科学的好奇心和求知欲。

（3）学习伽利略的思想和精神，培养学生敢于坚持真理、大胆探索的科学态度和科学精神。

四、教学重点、难点

如何引导学生进行科学探究，使学生在科学探究中掌握科学探究的方法，培养科学研究的能力。科学探究活动的组织与开展是本节课成败的关键，教学中应根据学生的实际能力去引导学生进行实验，并做出必要的、具体的指导；提倡学生敢于动手、勤于动脑，仔细观察，认真思考，对实验中看到的现象和遇到的问题，多问些"为什么"。

五、教学方法

以日常生活的经历引入，以三个实验为基础，层层设问、层层递进、研究自由落体运动，并将课堂教学和多媒体技术相结合，取长补短。

六、教学准备

1. 教具准备：纸板、薄纸片、纸板、牛顿管、重锤、打点计时器、纸带、自由落体仪、直尺。

2. 多媒体课件准备。

七、学习者分析

本课是高一年级的物理课。学习本课前，学生应具备如下知识：

1. 能比较牢固地掌握匀变速直线运动的一般规律，对匀变速直线运动的公式熟记于心。

2. 掌握打点计时器的工作原理，掌握实验研究匀变速直线运动的方法，以及用逐差法求匀变速直线运动的加速度的方法。

八、教学过程：

（一）引入新课

教师活动	学生活动	备注
游戏引入：首先我们做一个小游戏。大家看，这是一把有特殊功能的尺子，它可以测出我们从发现情况到采取相应行动经过的时间，我们称之为反应时间。反应时间越短表示反应越敏捷，谁愿意上来一试？ 要求：一位同学捏住尺顶端，另一个同学伸出两个手指在尺的零刻线处做好准备捏住尺的准备，但手指不能碰到尺。当放开尺时，另一个学生立即去捏尺。 对比谁的反应时间短，问学生想不想知道这个尺子的制作原理。	两名同学为一组，测自己的反应时间。	兴趣引入，同时为结尾对学生进行思想道德素质教育作铺垫。
要知道这个尺子的测量原理，就要来研究尺子的下落。生活中，露珠下落、苹果下落、蹦极、小球下落都是常见的落体现象，你们仔细观察过落体运动吗？	观看大屏幕，思考生活中的落体运动。	

（二）进行新课

1. 初探自由落体运动

教师活动	学生活动	备注
演示实验：让两个相同面积的纸板和白纸从同一高度静止下落。 实验现象：纸板先落地。 结论：重的物体比轻的物体下落得快。 讲述：伟大的哲学家亚里士多德就曾通过观察生活中的现象得出了这个结论。 反问：大家认为亚里士多德的观点正确吗？	学生实验： 1. 让纸板和白纸从同一高度由静止释放。 2. 把白纸揉成团与纸板从同一高度静止释放。 3. 把两张同样大小的纸其中一张纸揉成团从同一高度落下。 学生总结：由于空气阻力的影响，物体下落得有快有慢。	尽力营造一个辩论的环境，培养学生动手动脑能力
教师顺势引导：那么在没有空气阻力的空间里，物体下落的情形又是怎样呢？	学生猜想：在没有空气阻力的空间里，物体下落的一样快。	
教师介绍仪器并演示：金属片和羽毛在没有空气的管中的下落，两者几乎同时落下。 对比实验：金属片和羽毛在有空气的管中的下落，金属片先落地。	学生观察实验并总结： 在没有空气阻力的情况下，物体从同一高度静止下落的快慢相同。	

教师活动	学生活动	备注
讲述：我们很容易就得到了正确的结论，可历史上对落体运动的探究却经历了漫长的过程，由于当时人们的认识和科技水平较低，直到伽利略通过抽象思维加科学实验的方法才否定了亚里士多德的观点。 传说伽利略在比萨斜塔做过落体实验：在塔顶，他同时释放轻重不同的两个铅球，最后两个铅球同时落地。这个实验有力地反驳了亚里士多德的观点，得出了：在忽略空气阻力的情况下，物体从同一高度静止下落的快慢相同。	学生感受历史发展的过程 伽利略的研究方法： 抽象思维 数学推导 科学实验 在忽略空气阻力情况下，轻重不同的物体下落得一样快！	使学生了解物理学史，历史上每一个结论的得出都来之不易
讲述：那么我们把这种物体只受重力由静止下落的运动叫自由落体运动。 强调对"自由"两个字的理解。	学生回答"自由"两个字的含义：物体只受重力、初速度为零。	考察学生的掌握情况
教师提出问题：生活中存在这种的运动吗？ 在有空气阻力的空间里，若空气阻力相对其重力很小，我们就要抓住物体下落这个主要因素，忽略空气阻力这个次要因素，把物体的下落近似看成自由落体运动。在科学研究中，懂得忽略什么，有时与懂得重视什么同等重要。	学生思考后回答：不存在。 体会科学研究的方法。	方法指导

教师活动	学生活动	备注
提出问题：重锤自由下落是不是自由落体运动？ 演示实验：重锤的下落。	学生回答：重锤的下落所受空气阻力相对物体的重力而言较小，可以忽略，所以它的下落是自由落体运动。	理论联系实际

2. 深入探索自由落体运动的性质

教师活动	学生活动	备注
教师顺势引导：那么我们就可以用重锤来研究自由落体运动的性质。自由落体运动是什么性质的运动呢？	学生猜想：匀加速直线运动……	
顺势提题：大家都做出了自己的猜想。那么，我们该如何证明自己的猜想呢？	学生回答：做实验的方法。	
问题：如何做实验？请同学们两个人为一组讨论一下，能否设计一个实验验证提出的猜想。	学生设计实验： 1. 如果 $\triangle s = at^2$ 为一恒量，则物体做匀加速直线运动。 2. 如果物体从静止下落在连续相等的时间里位移之比是 $1:3:5:7$，则物体做匀加速直线运动。 3. 利用 s-t^2 图像是一条过原点倾斜的直线来判断小球做初速度为 0 的匀加速直线运动。	验证做匀加速直线运动的方法很多，学生不一定回答很全面，但对的都给予肯定。
教师继续引导：无论哪一种方案，都需要留下做自由落体运动物体的运动轨迹，如何留下物体的运动轨迹呢？ 介绍自由落体仪。	学生提出实验方案，可能有： (1) 打点计时器、纸带 (2) 频闪照相 (3) 光电计时装置 ……	

续表

教师活动	学生活动	备注
教师介绍频闪照片的拍摄：闪光灯每闪一次光，就给小球照一次相。闪光的时间间隔相同，因此，胶片上两个像的时间间隔相同。各个时刻的像是在同一张胶片上曝光的，经过冲洗、放大就能得到闪光照片。闪光照片上记录了小球做自由落体运动的信息，处理数据的方法跟处理纸带差不多。		
教师引导：频闪照相这种方法在这节课实现不了，感兴趣的同学可在课外去研究。老师为大家提供的是打点计时器和纸带，还有光电计时装置，下面请同学们用实验验证自己的猜想。	大多数学生利用打点计时器进行实验，部分学生用自由落体仪进行实验。	学生合作，教师指导。
教师给学生提供一个展示的平台，让学生通过数据总结结论。	学生总结1：实验数据表明 $s_2 - s_1 = s_3 - s_2 = s_4 - s_3 \cdots$（即相邻的相等时间间隔的位移差近似相等）表明小球做匀加速直线运动。 $s_1 = ?$ $s_2 = ?$ $s_3 = ?$ $s_4 = ?$ $s_5 = ?$ $s_6 = ?$ $s_2 - s_1 = ?$ $s_3 - s_2 = ?$ $s_4 - s_3 = ? \cdots$ 学生总结2：通过自由落体运动的 s-t^2 图像是一条过原点倾斜的直线，表明小球做初速度为0的匀加速直线运动。	

续表

教师活动	学生活动	备注
教师叙述：既然自由落体运动是匀加速直线运动，那么其加速度就应该为一个定值。这个加速度是多少呢？我们来看一看大家计算出来的数值。	学生汇报数值：…… （几乎相等）	

3. 重力加速度

教师活动	学生活动	备注
教师总结：我们把这个加速度叫重力加速度，通常用 g 表示。它的方向总是竖直向下，其大小大家算出来在 10 m/s² 左右。科学家通过精密的仪器测出我们大连的重力加速度是 9.801 m/s²。我们的实验存在误差，有什么样的误差呢？同学们可在课下分析。请同学们翻开书 37 页，观看表格中的内容，你们能获得什么信息呢？	学生观看表格： 总结：在地球上不同的地方 g 的大小是不同的，从赤道到北极，随着纬度的升高而增大。	
教师说明：国际上取北纬 45°海平面上的重力加速度值作为标准值，g＝9.80665 m/s²。通常的计算中，可以把 g 取作 9.8 m/s²，在粗略的计算中，还可以把 g 取作 10 m/s²。	学生了解重力加速度标准值的由来。	

4. 自由落体运动的运动规律及应用

教师活动	学生活动	备注
教师引导：既然自由落体运动是初速度为零的匀加速直线运动，其重力加速度用 g 表示，同学们能否写出自由落体运动的特有的规律表达式么？	学生上黑板写匀变速直线运动的规律推导出的自由落体规律 $v_t = v_0 + at \rightarrow v_t = gt$ $s = v_0 t + \dfrac{1}{2} at^2 \rightarrow h = \dfrac{1}{2} gt^2$ $v_t^2 - v_0^2 = 2as \rightarrow v_t^2 = 2gh$	培养学生独立归纳的能力。
呼应开头：请同学们思考一下我们的能测量反应时间的尺子是怎么制作成的。	学生思考并回答。	

（三）课堂总结

教师活动	学生活动	备注
教师：请同学们总结一下自己今天所学到的知识。 说明："在地面附近"在下一章会学到。 顺口溜：物体从空自由下，轻重没有快慢差；你我一个加速度，共同享受9.8。 方法方面有收获吗？	1. 知识方面：自由落体运动的定义；自由落体运动的性质；重力加速度；自由落体运动的规律。 2. 方法方面：……	

九、布置作业

1. 完成课后作业

2. 应用：用滴水法测重力加速度

十、学习评价设计

1. 课堂提问

2. 实验报告单的填写

3. 课后的小实验的探索

4. 作业情况

十一、课后记

在设计本节课的设计中，组里老师向我提了一些问题，给了我许多建设性的意见，对我的启发、帮助很大。思来想去，要在"自由落体运动"这节课上出"彩"是一件不容易的事，因为有些条件我们还不具备，故我要在调动学生积极性方面下功夫，要以学生的思维主宰课堂，而不是以自己的思维主宰课堂。学生应该是主体，我想这才是上一节好课的亮点。所以我设想在讲授知识时，要以学生的思维为主线，通过学生自身的探究、思考，发现并最终解决问题。同时，引导学生在学习的同时掌握自己独立解决问题的方法。看了许多教师的教案设计，学习了许多优秀教师的录像课，使我感到自己做得还不够好，不过，我会不断努力，完善自我。我坚信：我能！

八、"自由落体运动"一课的教学反思

"自由落体运动"是高中阶段的第一个学习包，如果按照原先教材的安排应分为三个课时：第一课时为探索讨论，主要是通过教师的介绍和演示，引导学生在课堂内一起讨论，提问题、谈观点，然后通过学生查阅资料、设计方案，为探索研究做准备；第二课时是学生的方案交流和实验探究；第三课时是学生的成果展示、自评、互评再到拓展应用。作为一节公开课，要让这节课有相对的独立性，因此把教学的重点放在引领学生学习探究物理问题的方法，学会学习包的学习方法，为今后学生独立地学习学习包打下一定的基础。

1. 理清思路，设计教学

"自由落体运动"是一节经典的公开课，如何让教学设计符合"二期"课改的最新理念，更贴合学生的实际，引导学生运用思辨的方式逐步深入探究，最终得出物体规律，是本节课教学的重点。同时通过引导学生在不断思辨的过程帮助学生克服知识中的难点问题。

要设计好堂课，首先要明确教学目标，为什么要学习这一内容，这一内容分为哪几个部分？哪些问题是学生学习中困难的？然后，根据学生可能出现思维障碍之处，以及学生较难理解的内容设计教学的各个环节搭建阶梯，帮助学生理解并掌握好这一部分的内容。

研究本节课的内容，可分为两大部分：其一是定性得出在忽略空气阻

力的情况下，不同物体的下落快慢是相同的，其二是通过定量分析得出自由落体运动是初速度为零的匀变速直线运动。学生学习中通常有两大难点：一是在忽略空气阻力的情况下，不同物体的下落快慢是相同的，但学生往往会从生活经验中得出一个错误的观点，即重的物体下落比轻的物体下落快，而这一观点对学生来说根深蒂固。二是用实验的方法定量测出自由落体运动的加速度。围绕这两大难点，如何让学生在对生活现象的分析中发现矛盾、提出假设，然后验证假设，就成了设计的中心环节，而这一过程正是当年伽利略对落体研究的过程。因此，设计时突出了伽利略当时的研究过程，让学生切身体验了自由落体运动规律的得出过程，感悟物理研究的一般过程和常用的思维方法，培养学生的科学精神、科学态度和科学的方法及价值观。

2. 设计实验，激发兴趣

课堂教学中，实验也是一个必不可少的环节，如何设计好每一个实验，让每个实验都能与课堂教学紧密结合，让学生通过简单的操作就能发现问题，实验现象明显，就是实验设计的要求。本节课中，首先是问题的提出，提供给每位学生一张纸片和一张磁盘，让学生研究轻重不同的物体下落快慢是否相同，然后引导学生猜测，如果轻重不同的物体绑在一起下落情况又如何，引出两个相互矛盾的结论，为证明这一观点正确与否，请大家设计实验来证明，很多学生想到了用纸团和纸片的下落快慢不同来证明。由此很多学生猜测是否是因为空气阻力在起作用。然后通过牛顿管实验，研究物体在空气中下落到抽去部分空气再到接近真空情况下的下落，引发学生强烈的视觉冲击，激发学生的研究兴趣，逐步深化理解空气阻力对物体下落运动的影响，强化对落体问题的理解。

3. 关注学生，深入思考

整堂课的教学设计较多地考虑了学生的实际情况，特别注重了课堂问题的设计，所以学生能顺应老师的教学思路逐步发现、分析和解决问题。但在猜测的环节，也有学生提出了出乎意料的假设，有同学猜测"两个物体绑在一起，小物体的速度可以忽略不计"，还有"两个物体绑在一起，速度为两物体单独下落时的平均值"等等，面对课堂有限的时间，如何能更好地帮助学生解决问题这些疑问，是一个值得研究的问题。在课堂中，抓住学生即时的思维亮点，如能再通过一个小实验或者一个简单的思辨，让问题及时得到解决，那么，课堂教学的效果将更好。当然，让这些问题成为留给学生进一步思考的方向，也是一个很好的处理方式。我觉得，在今后的教学中我应该更多地关注学生的思维，让我们的课堂更有生机活力。

4. 本节课的成功之处是将不易观察的实验事实改为简单的演示实验逐步引入

根据本节课的教学目标和教学重点的要求，让学生能切实体会和理解自由落体运动的特点，单凭多媒体课件演示，学生很难体会到自由落体运动特征。因此，教师通过运用学生手边常见的纸片，带领学生分别进行了三次演示实验：两张相同纸片从同一高度，同时释放。在三次试验中，其中一张纸片不变，另一张纸片三次的状态分别是展开、揉成团、团紧，让学生观察下落的快慢。通过学生自己动手亲自体会，发现并分析出影响下落快慢的原因。进而大胆猜想若排除此因素，结果会怎样？这时再用"牛顿管"实验验证，并通过多媒体课件播放美国"阿波罗"登月时所做的"羽毛和铁锤下落"的小实验，加深学生对自由落体运动的认识。这样，能够充分调动学生学习的积极性，主动参与到课堂中来。在探究中学会发现问题，并敢于大胆进行科学猜想，这点要比教师单纯生硬地直接给出自由落体运动的定义效果要好得多。

5. 不足之处

（1）"牛顿管"演示实验由于仪器问题不理想

本节在进行教学设计时，设计了这一环节，但是由于仪器问题，最终这一环节没有运用，最后只能运用多媒体课件进行视频演示。这样就使得原来紧密的教学环节出现了脱节的现象，直接运用课件展示，没有学生的实际参与，缺少实际实验对学生产生的深刻印象。

（2）进行运动性质和运动规律讲解的时候，过程过于呆板，有在讲解数学的嫌疑，缺少讲解物理的特点。并且在运动性质和运动规律得出后，缺少让学生练习巩固的环节。

（3）设计课堂提问时不能顾及大多数学生

在本节课上我有多次提问，但涉及的人数并不多，主要原因是一部分学生不主动举手发言，所以在今后的教学中我还要鼓励这些孩子们大胆发言。

第五节　"合作学习模式"研究

> 在学生的脑力劳动中，摆在第一位的并不是背书，不是记住别人的思想，而是让本人去思考。
>
> ——苏霍姆林斯基

2007 年在对探究式教学模式研究、实践、反思的基础上，经过一段时间的探索，我校提出了教学"五个一"，这种新的人本主义的学习方式就是要使物理学习过程成为科学理性的主动学习的过程，让学生感到学习是一种交流，是一种享受，是一种生命潜能的激活。这样不仅能激发学生学习的兴趣，培养学生的创新意识和创造能力，发展学生科学素养，更能大大提高学生认知的强度和效率度。结合学校的课题研究，我探索了合作学习教学模式操作研究。合作教学法也叫小组合作学习，主要利用小组成员之间的分工合作，共同利用资源，互相支持去进行学习；以小组合作学习为基本形式，系统地利用教学动态因素之间的合作性互动来促进学习，共同完成教学目标的活动。

这里的互动是一种课堂内的教学交流，这里的合作是一种学生之间以相互交流学习中的感悟、经验和问题，来解决教师提出的问题、学生学习过程中所碰到的问题的合作，是一种交流中的合作，问题的合作。

一、合作学习的产生背景

20 世纪 70 年代初在美国兴起，经过十多年的实践，它不仅在美国的各级各类学校中得到广泛采用，而且在亚洲、欧洲等十几个国家的一些中小学里实施。

我国自 20 世纪 90 年代起，在课堂教学中开始引入小组活动，由此引发了对合作学习的探讨。从浙江大学教育系的合作学习小组教学实验，到

90年代中期，山东教育科学研究所开展的《合作教学研究与实验》，以及近年来主体性教育试验对小组合作的探讨，这一系列的教育科学研究和教学实践活动推动了合作学习在我国的发展。一方面，21世纪是一个激烈的竞争社会，在这个社会中，一个人的能力再强，如果不能与他人合作，互相交流，最终也不一定能成为一个成功者，恰恰相反，随时将有可能成为一个失败者，而我们所培养的学生最终是要投身于这个激烈的竞争社会的。另一方面，《义务教育阶段国家课程标准》在课程目标的发展性领域这一分目标中明确指出，通过学习，应使学生养成独立思考与合作交流的习惯。

二、小组合作学习的特征

以教学目标为导向；

以异质小组（同一小组内的学生在体能和运动技能方面均存在差异）为基本组织形式；

以教学各动态因素的互动合作为动力资源；

以团体成绩为奖励依据。

三、小组合作学习的创新点

1. 理念新

"为不同层次的学生发展服务，让优秀者更优秀，让平凡者不平凡。"加德纳认为：虽然人的先天素质对智力的类型起决定作用，但智力的发展水平高低更取决于个体后天的文化教育活动，其中，开启经历是个体智力发展的转折点。

2. 构想新

"变教室为学室，变教师为导师，变接受为自主。"皮亚杰认为：知识不可能仅由外部传授而获得，而应以自己的经验背景为基础来建构现实和理解现实，从而形成知识。

3. 方法新

"先学后教、合作探究、当堂达标"。首先，教师要创设情境，检测学生的预学效果，同时结合生活事件、典型材料、精彩故事、媒体信息等创设情境，巧设疑问，引发兴趣，展示目标，体现针对性。其次，教师通过精心安排的主题活动，引导学生自主体验，积极思考，感悟体验。最后，教师结合精心设计的层层递进、环环相扣的问题，引导学生自主思考，质疑问难，合作探究，讨论辨析，思辨探究。

四、小组合作学习的范畴

学生完全可以依赖自己的能力解决的基础性质的知识，重难点知识；学生或者老师提出的有探讨价值的问题；学生学习时出现思维障碍而无法排除或者意见分歧较大时；进行知识总结或者探索知识规律时；在解答开放性问题时。

五、小组合作学习的课堂学习模式

1. 学习环节

确立目标、自主学习、合作探究、组织交流、评议小结、巩固测标。

在以上各个教学环节中，确立目标是指南，自主学习是基础，合作探究为重点，组织交流达高潮，评议小结促深化，巩固练习测达标。

合作学习的目标要明确、恰当，便于操作。学生依据教师提供的"导学案"独立进行的课前的预习活动。合作探究必须建立在个体充分的、独立的、自主的学习和思考的基础之上。要把握好合作学习的最佳契机。教师必须悉心创设民主交流的氛围，对学生个体的思维过程做出恰如其分的评价。评议小结是对上一环节中各小组的表现及探究结论进行综合性评价，通过课堂的练习来检验学生本节课的学习是否达标。

2. 练习的目的有三个

一是检验我们的学习情况；二是巩固我们的学习成果；三是将我们的知识转化为能力。

3. 课后作业的处理要求

有发必收，有收必改，有改必评，有错必纠。

六、小组合作学习的评价模式

1. 对小组合作学习的评价

按照评价的范围，可以分为组内评价和组际评价。

（1）组内互评：每个同学对组内其他成员的合作态度、质量、是否有自己独特的想法做出评价。

（2）组际互评：学生对合作小组集体做出合理的评价，从中反映学生集体或个人的素质情况。

2. 小组合作学习的组长角色

活动中的组织者，作为一个学习的集体，组长应当承担这个组织者的角色。合作中的学习者，组长同时也是小组成员，更是课堂上的学习者。老师活动中的协助者，组长有时还应是"小先生"的角色。

组长的组织活动可以大致分为三类：一是控制性行为，分工、约束、督促；二是协调性行为，协调、疏通、解决争端；三是建构性行为，组织讨论、分析、汇总小组意见。

3. 组内分工明确，责任到人

在学习小组中，常常是通过角色、资源等的分配来明确小组成员的个人责任，使他们相互依赖。如：记录员、检查员、纠错员、总结报告员、联络员等。也可以依照教学内容或资料的不同部分为小组成员分配角色。

4. 小组讨论、交流的问题设计与组织管理

讨论、交流应该是教师在课前的备课中预设的。讨论、交流设在"重点"处；讨论、交流设在"难点"处；讨论、交流设在"疑点"处。

七、小组合作学习"动能和动能定理"教学设计

一、教学设计说明

1. 教材分析

本节课选自《物理》必修 2（人教版）第七章第 7 节"动能和动能定理"，动能定理是力学中最重要的规律之一，它与牛顿运动定律、动量定理并称为解决动力学问题的三大支柱。它的应用贯穿于整个经典力学，该节内容又是学生第一次定量地研究能量变化，所以本节要求学生通过做功转化成其他能量的数学描述，了解动能的概念及功能关系。

2. 学生分析

学生在初中对动能有了感性认识，在前面的学习中对合力功与能又有了进一步了解。在此基础上，本节要定量分析，完成由感性认识到理性认

识，从定性到定量的飞跃。根据建构主意理论，学生的学习在于主题主动构建的原则，所以在本节的学习过程中，学生通过用演绎推理的方法得出动能的表达式，并组织学生进行辨析、提高认识。并能利用动能定理解决实际问题。通过这个过程，激发学生学习物理的热情和兴趣，培养科学的思维方式和良好的物理学科素养。

3. 设计指导思想

（1）根据我校"有效教学"的理念："以学为主，师生互动"，学生是学习的主体，要促使学生充分发挥主观能动性，积极参与到学习中来，主动生疑，主动质疑，主动思疑，主动解疑；在学习过程中，学生与老师交流合作，学生与学生之间交流合作，在合作中获得共同进步；抓住功能关系这一关键点深入地研究，师生在交流的过程中达成共识，教师作为引导者和参与者，以科学灵活的方式培养学生科学的思维方法。

（2）以学案为载体，以"五个一"为我校"有效教学"理念的支撑点，促进学生对物理概念和规律的理解。动能的概念虽然抽象，但由于学生有直觉思维为基础，还是比较容易理解的，而动能定理这个规律使用抽象的定义功量度抽象的定义能的变化，在生活中甚至没有与之对应的词语。所以，对学生来说则更加抽象，更加难以理解。因此，通过实例列举向学生展示生活实际来帮助学生体会和理解动能定理更符合学生的认知。

（3）合理制定教学目标：动能和动能定理是动力学中重要的基本概念和规律之一，也是动力学中最难懂的问题。我们常常发现有些学生能背出动能定义和动能定理的规律，也会用动能定理的公式解一些简单问题，但不能用动能定理说明实际问题，更不会灵活运用。一方面，是学生学习方法不对，不重视理解和思考，而习惯于死记硬背套用公式。另一方面，要想正确理解动能和动能定理的物理意义，掌握动能定理公式，学生必须具有较高的抽象思维能力。可是，学生首次碰到动能概念和动能定理时抽象思维能力不高，理解问题的角度还没有脱离初中阶段那种直观、形象的思维式。因此，难于理解动能定义和动能定理公式。为了降低难度，在确定动能和动能定理教学目标时，应该注意处理的这一学生能力缺陷的实际情况，逐步到位，不能一步到位。否则，教学目标制定过高，学习难度太大，不仅不能达到预期的教学目标，影响有效教学的提高，而且易于在学生中产生物理难学的心理障碍，对今后的物理学习也会产生负面影响。当然，也不能把教学目标制定的太低，这是不利于物理课堂教学效率提高的。

二、教学目标

1. 知识与技能

(1) 理解动能的概念，知道动能的定义式和单位。

(2) 理解动能定理及其推导过程，知道动能定理的适用范围。

(3) 培养学生的观察、概括能力。

2. 过程与方法

(1) 运用演绎推导方式推导动能定理的表达式。

(2) 理论联系实际，培养学生分析问题的能力。

(3) 通过确定与做功有密切联系的物理量的过程，渗透物理方法的教育。

3. 情感态度与价值观

(1) 调动学生积极参与讨论的兴趣，培养逻辑思维能力及表述能力。

(2) 通过对动能和动能定理的演绎推理，使学生从中领略到物理等自然学科中所蕴含的严谨的逻辑关系，反映了自然界的真实美。

(3) 通过动能定理的演绎推导，培养学生对科学研究的兴趣。

三、教学重点、难点、疑点

重点：动能的概念。

难点：对动能定理的理解。

疑点：动能是表示力对物体的空间作用效果。

四、教学方法

通过教师利用学生的已有知识储备，采用探究式教学，通过演绎交流猜想做功与动能变化的关系，从理论上来论证动能和动能定理的表达形式，并组织学生进行实验验证、提高认识，培养科学研究的能力。教学中提倡学生敢于动手、勤于动脑，仔细观察，认真思考，层层设问、层层递进、研究动能和动能定理，并将课堂教学和学案、多媒体技术相结合。

五、教学准备：设计学案

仪器准备斜面、物块、刻度尺、打点计时器、铁架台、纸带。

做"动能与质量和速度有关"实验，验证动能定理。

六、教学过程设计

环节	教师活动	学生活动	设计意图
导入新课	提问： 能的概念 功和能的关系 引导学生回顾初中学习的动能的概念。 动能和什么因素有关，动能和做功的关系。 （猜想）	一个物体能够对外做功，它就具有能量。 功是能量转化的量度。做了多少功就有多少能量发生转化。 由于物体运动而具有的能。	通过复习，唤起学生关于功与动能概念的回忆，为动能的定量引入和动能定理的得出奠定基础。
探究动能和什么因素有关	多媒体演示：滑块 A 从斜面滑下与物块 B 碰撞。 实物演示。 结论： 从功能关系定性分析得到，物体质量越大，速度越大则动能越大。 探究动能与质量、速度的定量的关系。	学生描述看到的现象： 让滑块 A 从不同的高度滑下，可以看到高度大时把物块推得远，对物块做功多。 让质量不同的滑块从同一高度滑下，可以看到质量大时把物块推得远，对物块做功多。 学生总结动能的相关因素：物体的质量和速度。	定性分析 培养学生分析试验现象的能力。

环节	教师活动	学生活动	设计意图
探究做功与动能的关系	多媒体演示：飞机加速，飞机动能变化的原因？ 表： 物理情景 / 问题 1. 猴子从树上自由下落（投影）/ 重力做功与速度关系 2. 飞机在牵引力阻力作用下起飞（投影）/ 牵引力、阻力做功与速度关系 定量分析：应用牛顿运动定律和运动学公式推导归纳：物体的合力 $\sum F$ 做的功等于 $\frac{1}{2}mv^2$。这个物理量的变化，得到式子：$\sum FS = \frac{1}{2}mv'^2 - \frac{1}{2}mv^2$，这就是动能定理。由功能关系和动能的定性表，只能用 $\frac{1}{2}mv^2$ 这个物理量表示动能。板书：动能、动能定理。	由于牵引力对飞机做正功，导致飞机的动能增大。学生分组讨论分析猜想： 表： 情景 / 结论 1 / 2 / 学生动手推导做功与速度关系，用文字语言表述结论：物体只受重力作用，重力对物体做的功等于 $\frac{1}{2}mv^2$ 这个物理量的变化。 物体在动力和阻力作用下，外力对物体做总功等于 $\frac{1}{2}mv^2$ 这个物理量的变化。	通过推理、演绎培养探究兴趣。 定量探讨，让学生通过"探究"培养合作精神。 培养用数学的方法解决物理问题的能力。

环节	教师活动	学生活动	设计意图
验证动能定理	引导学生验证动能定理：利用打点计时器打的纸带。（自由落体）	学生提出设计方案（分组讨论），动手操作。 数据处理： 下落高度（h）： 末速度（v）： 重力的功（mgh）： 动能变化（$\frac{1}{2}mv^2$.）： mgh 与 mv^2： 结论：在误差允许的范围内，重力做的功与动能变化相等。	通过实验验证培养学生科学研究的方法和精神，用简单仪器验证复杂规律。
课堂巩固	投影例题： 1. 东方红 1 号卫星 2. 飞机起飞 投影三种解法，并总结。 1. 动能定理与牛顿运动定律解题比较。 2. 动能定理解题方法步骤（三步走）。	学生思考：提供多种解法 1. 牛顿运动定理和运动学公式。 2. 分过程用动能定理。 3. 全过程用动能定理。	通过具体问题，加深对动能的理解，由东方红 1 号卫星作为例子，即能激发学生爱国情怀，又能了解我国航天史。 通过实际生活中的事例分析，使学生体会动能定理的实际意义，体会到物理无处不在，激发学生学习物理的积极性。 巩固本节基本知识、对比两种动力学方法优缺点、学会动能定理的应用。 自然界的奇妙、和谐统一。

八、本节课教学反思

本学期第六周星期一第三节课我在高一（10）班上了一节物理公开课，采用人教版高中物理必修 2 的教材，讲课内容是第 5 章第 7 节《动能和动能定理》。

这节课的内容是在上节课实验的基础上进一步得出的一个结论性的知识，动能定理内容本身并不是很难理解，但是根据动能定理解决实际问题，却是整个高中物理的一个重点，也是一个难点，在高考中占有极其重要的地位。当然这一节课不可能解决高中物理的这个难点，但是可以让学生形成基本的解决问题的方法和思路，即应用动能定理解决实际问题的基本思路应该形成。我采用的教学思路是以动能定理的基础为主，根据上节课得到的结论有学生自主推导动能定理的规律，然后以实际问题为例重点讲解动能定理的适用条件和解题步骤。

课后学校组织了集体评课。会议上，听课的老师对我的课有一致的好评，同时对我的课也提出了可以进一步研讨和深入思考的问题，并给了中肯的意见，这些有的是我自己很难发现的问题，对我帮助很大，会后我对我的课结合各位老师的意见作了四个方面的反思。

1. 教材内容取舍的反思

是不是教材上出现的内容都要作为教学的要素加以呈现？这个问题需要我进一步思考。在备课过程中，我应该是自己首先形成一个教学的思路和流程之后才去选择课程需要的素材，还是根据教材提供的课程资源限定自己的教学行为？我想应该是前者！在新课改背景下，教师作为课程的有机构成部分，自我角色定位发生转变，由课程的忠实执行者向课程决策者转变；师傅张其明老师经常跟我这样的强调：在备课过程中要以课程标准和高考考试大纲为蓝本，结合班级的实际情况来讲授知识点，对教科书上的要有所取舍，因为教科书是一家之言，而我们教师要"博采纵长"为我们自己的课堂服务。通过反思，我觉得本课对动能定理的理解可多加一些东西，对动能的说明可少一点东西，对例题可引入课本外的，经过自己的重新加工和组合，教学节奏会更紧凑有成效。

2. 教知识还是教思维方法的反思

我虽然在教学设计上力图让学生自主探究，合作交流，通过教学，向学生揭示教学内容的背后隐含的思维方法，引导学生知道科学是通过什么样的方式认识和了解自然现象和规律的。正确引导学生开展发散思维，使学生能灵活运用动能定理处理如变力做功等问题。但还是出现了教师包办，出现了教知识重于教方法的现象，本课中，我在例题设计及引导方面做得还不好。一部分学生课前预习不足，在课堂上不能发挥主观能动性。课前对学生情绪的积极调动和课上参与研究预测不足。

3. 多媒体课件使用的反思

关于多媒体课件的使用有两个问题：首先，什么样的内容需要借助多媒体课件呈现？如果仅仅是为了节约板书的时间，我觉得这样的多媒体素材大可不必使用。我认为，当我们需要一些精美的图片，需要从中了解所要研究的事物的细节时，当我们需要展示一些动态变化的过程时，当我们上练习课需要节约习题抄写的时间时，……多媒体的作用是显而易见的，如果仅仅是将课本上的话和练习照搬到PPT中，这就没有必要。

其次，一张一张的幻灯片，一节课用多少张为好？通过反思，我觉得本课的PPT课件可从12张减到8张，作为引导学生学习知识的线索。由于本课的PPT课件超过12张，我教起来觉得比较吃力，有赶进度的感觉，学生学起来也应接不暇，跟不上我的节奏。

4. 学生活动的反思

新课标有一个非常重要的理念，就是要让学生成为学习的主体。怎样成为学习的主体？至少要让学生告诉我们他哪些地方是知道的，哪些地方不清楚。学生自己完全可以完成的学习任务，如果教师包办代替了，学生就不会动脑筋，长此以往，他就会越来越懒惰，等待着你去讲给他听。我反对为了应付检查而硬性规定学生把身体扭过来，进行的所谓小组讨论式的"学生活动"，但我更反对教师上课"一言堂"，不给学生思考的空间。在这堂课上，我采用的学生自主探究合作交流，理论推导，实验验证，然后又各组讨论给出评价，这种效果很好，学生的积极性很高，绝大部分同学都可以参与进来，亲自体验了定理产生过程，我想这样他们对结论也会印象深刻的。我的想法是在以后的教学中会让尽可能多的同学参与讨论，提出自己见解，形成互动式的课堂氛围。"探究型教学法"力图让学生在学习知识的同时发展学生的思维能力和创新能力，为学生智能的锻炼与开发创造良好的条件。

在实际操作中，由于学生个体存在差异，学生设计的实验方案不够完美，甚至是错误的。

好多学生不会从减小摩擦的角度来考虑如何放置打点计时器，有些学生受《测定匀变速直线运动物体的加速度》实验的影响，把打点计时器平放在桌面上；有些学生没有从稳定性的角度加以考虑，不是把打点计时器侧放在桌面上，而是用手。但由于每个学生都积极参与了建立物理规律的全过程，付出过艰辛的劳动，所以同学们对整个过程十分熟悉，感到自然真切，对所得结论理解透彻，记忆持久，运用自如，尤其是变被动地接受知识为主动去探究新知。其兴趣、注意力和科学态度就在无意识中得到增强。

当然，不是每节课都必须这么做，教师应根据内容的特点灵活选用，若能每章安排一两次"探究型教学课"引导学生去探索，对活跃课堂气氛，培养学生学习物理的兴趣，提高学生的实验能力、思维能力、创新能力、协作精神和学习效果确有极大好处。

物理教师要顺应新课程的要求，由注重改善学生的物理知识结构、培养学生的物理能力向注重培养学生的物理科学观念和人文精神方向转变，建构一种科学素养与人文精神和谐的、全面关心学生的成长和发展的新型的物理课堂。

构建"五个一"物理课堂具有极其丰富的内涵。"五个一"的物理课堂充盈着和谐、平等的人文对话，展示着开阔的人文视野、充满着温馨的人文理念、洋溢着科学的人文精神。中科院杨叔子院士在《科学人文和而不同》一文中写道："没有科学的人文是残缺的人文，人文有科学的基础与科学的精髓；没有人文的科学是残缺的科学，科学有人文的精神与人文的内涵。"新课程要求教师不但要有扎实的专业知识，还要通晓本学科发展的历史现状，而且要了解相关学科的知识，如心理学、科学发展史、文学、音乐、绘画等，逐步形成自己对生命、生活、社会的独特理解与感悟，才能构建起"五个一"的物理课堂。

我在教学上的研究工作，刚开始都是在学校科研兴校这个大环境背景下，为完成任务而做的，但随着工作的投入，习惯的形成逐渐由被动执行向自觉研究迈进。

第六节 "探究式教学模式"研究

在人的心灵深处，有一种根深蒂固的需要，希望自己是一个发现者、研究者、探索者。而在儿童的精神世界中，这种需要更强烈。

——苏霍姆林斯基

一、本课题确定的背景

随着课程改革的不断深入，教学方式的改革，得到了广大教育工作者的关注，各学科教师都在尝试着各种新的教学方式。今天，探究式教学已成为课程改革的核心问题，传统教学是指以教师传授知识为主，学生被动地接受知识的一种教学方式。探究式教学是以探究为基本特征的一种课堂教学活动形式。具体说它是指教学过程是在教师的启发诱导下，以学生独立自主学习和合作讨论为前提，以现行教材为基本探究内容，以学生周围世界和生活实际为参照对象，为学生提供充分自由表达、质疑、探究、讨论问题的机会，让学生通过个人、小组、集体等多种解难、释疑等尝试活动，将自己所学知识应用于解决实际问题的一种教学形式。传统教学把传授知识当作教学的唯一任务，体现的是以学科为中心的学科本位思想。而探究式教学体现的是以人为本的教育思想，发挥学生的自主性，激发学生的探究欲望，是探究式教学的首要任务。因此，教师应在教学中营造一个开放的课堂气氛，充分发挥学生学习的主动性和创造性，形成在探索中获取知识的教学氛围，使学生感受科学探究的一般过程和乐趣，从而充分调动学生的学习积极性，达到良好的教学效果。

二、本课题国内外研究的状况

创造性的探究式教学已成为当今世界各国科学教育的主流，它强调探究的过程和方法，注重"创造力"的培养，主张变革传统的教学，在教师的启发诱导下，以学生独立自主学习和合作讨论为前提，以现行教材为基本探究内容，以学生周围世界和生活实际为参照对象，为学生提供充分自由表达、质疑、探究、讨论问题的机会，通过个人、小组、集体等多种解难释疑尝试活动，将自己所学知识应用于解决实际问题。自 18 世纪以来，"探究式"的思想在西方被大规模倡导，并且目前仍然是主流的学习方式。20 世纪 50 年代末至 70 年代的美欧各国以及亚洲的韩国、日本等，以布鲁纳、施瓦布、费尼克斯为代表的一些理论研究者在理论上系统论证了"发现学习""探究学习"的合理性，并在自然科学领域推动了以旨在培养智力超群的社会"精英"为目的的课程改革运动。这次课程改革运动对国际科学教育产生了深远的影响，并逐渐形成世界性的教育改革浪潮。我国的教育研究者和教师也反思传统的"讲解—练习型教学"的弊端，尝试各种形式的探究学习，取得了一些研究成果，1999 年，第三次全国教育工作会议提出要全面推进以培养创新精神和实践能力为核心的素质教育，在这一精神的指导下，教育部对全日制普通高级中学物理教学大纲进行修订。此次修订把"探究学习"摆到突出位置，强调要突出培养学生的创新精神和实践能力为主要任务，最近新颁布的《基础教育课程改革纲要（试行）》也从课程改革目标、教学过程和教材开发与管理等方面，大力倡导学习方式的改革，提倡"引导学生质疑、调查、探究，在实践中学习"。根据这一思想编写的《全日制普通高级中学物理教科书（试验修订本）》已在全国推广使用，部分地区和学校还把"探究式教学"模式引入高中物理课堂教学进行试验和课题研究，总结了一些经验，但针对普通高中物理探究式教学模式研究向系统化和专题化发展还有待加强。人民教育出版社的《教育理论与实践》、中国教育学会物理教学专业委员会会刊《中学物理》和《物理教师》、陕西师大的《中学物理教学参考》、西南师大的《物理教学探讨》等报刊的教研论文、教研成果、课题报告以及相关教学理论和其他地区的实践经验都值得我们学习、借鉴和参考。鉴于国内外探究式教学模式研究现状，我们学校也积极探索，大胆改革高中物理课堂教学模式，在总结近几年来我校物理教学科研得失的基础上，积极申报中国教育学会物理教学专业委员会科研课题，进一步深化教育改革，努力探索和实践普通高中物理探究式教学模式,较好地达到国家教委制定的全日制义务教育普通高级中学《物理课程标准》要求,构建具有高中物理学科特色的新型教学模式。

三、本课题研究的实践意义

1. 通过探究活动促进学生的发展,使学生在探究活动中自主地认识和理解高中物理知识。

2. 本课题的研究立足于提高学生的实践能力和创新能力,有助于学生可持续发展的需要。

3. 变革传统的高中物理教学观念和教学模式,遵循学生的认知规律,以落实素质教育和创新能力培养为指导思想,落实学生的主体地位,让学生在探究活动中学会做人,学会求知。

4. 有助于我校教育教学质量的全面提高,通过课题研究,探索教育教学科研工作新思路、力争对难点突破,影响并带动其他学科的教育教学科研,起好示范作用。

四、本课题研究基本内容

1. 更新高中物理传统的课堂教育观念,形成优化高中物理教与学的新理念。

2. 探究教学模式在高中物理教学中运用的方法和策略,针对高中物理学科特点,运用"探究式"在观念上平等、开放、民主;在过程中自主、体验、个性;在形式上生动、多样、有趣,指导学生进行探究式学习,体现可持续发展教育思想,构建具有高中物理教学特色的新型教学模式。

3. 高中物理"探究式"教与学的多样化模式设计,在不同的课堂教学内容中发挥学生的主体性,通过"科学探究",使学生能够主动探索知识,自主学习、合作学习、体验学习、开放学习。

4. 探索把探究式教学模式与现代教育技术结合,指导学生有效进行高中物理学习。

5. 探究式教学模式与其他教学模式相结合,提高高中物理课堂教学效益。

6. 转变教师角色。把课程由专制走向民主，由封闭走向开放，教学被看成是师生交往，积极互动，共同发展的过程。在这一过程中，教师与学生将分享彼此的知识和经验，交流彼此的感受和体验。因此，教师的角色必须做出相应的转变。教师不再是知识的传播者和管理者，而是学生发展的促进者和引导者。教师由教学中的主角转向"平等中的首席"。

7. 建立民主、平等的师生关系。教师要从课堂支配者转变为学习活动的组织者、引导者与合作者。教师要组织学生寻找、收集和利用学习资源，营造开放式的课堂气氛，让学生在课堂上始终处于一种积极的、活泼的、兴奋的状态。引导学生围绕问题的核心进行探索和讨论，建立和谐、民主、平等的师生关系，让学生在平等、尊重、信任和理解的氛围中受到激励和鼓舞，得到指导和建议。

五、本课题研究的方法

本课题研究的主要以比较实验研究法和行动研究法（注意计划、行动、考察、反馈与调整五个环节和螺旋式上升的规律），辅之以文献法、调研法、观察法等方法，具体采用整体设计，分段实施的方法，在每一阶段结束前，运用评价手段检测实施效果。在进行实践反思的基础上，提出下一年实施研究的侧重点，朝着预定的目标滚动式前进。

课题研究的对象：

实验班：2005 级十班　　　对比班：2005 级十一班

十班、十一班这两个班是我校两个实验班，分班时采用龙摆尾式分班，各分数段人数相等，中考物理成绩两班平均分只相差 0.32 分。

我在十班采用"探究式"教学，在十一班采用常规讲授法。

我在十班采用"探究式"教学，其要素有：提出问题、猜想与假设、制定计划与设计试验、进行试验与收集证据、分析与论证、评估、交流与合作，建构主义学习理论认为："情境""协作""会话""意义建构"是学习环境中的四大要素。为学生创设、建构的学习情景，引导学生进行协作和会话。强调学习的自主性、社会性、情景性，由此生发出探究学习和合作学习等现代学习方式。探究问题，而不仅是了解问题的答案；是批判式

思维，而不是记忆；是在情境中理解，而不是获得点滴信息；是促进学生
合作学习、互动和分享思想和信息，而不是无益的竞争。

提出问题	能发现与物理学有关的问题 从物理学的角度较明确地表达这些问题 认识发现和提出问题的意义
猜想与假设	对解决问题的方式和问题的答案提出假设 对物理实验结果进行预测 认识猜想与假设的重要性
制定计划与设计实验	知道实验目的和已有条件，制订实验方案 尝试选择实验方法及所需要的装置与器材 考虑实验的变量及其控制方法 认识制定计划的作用
进行实验与收集证据	用多种方式收集证据 按说明书进行实验操作，会使用基本的实验仪器 具有安全操作的意识 如实记录实验数据，直到重复收集实验数据的意义 认识科学收集实验数据的重要性
分析与论证	对实验数据进行分析处理 尝试根据实验现象和数据得出结论 对实验结果进行解释和描述 认识在实验中进行分析论证是很重要的
评估	尝试分析假设与实验结果间的差异 注意探究活动中未解决的矛盾，发现新的问题 吸取经验教训，改进探究方案 认识评估的意义
交流与合作	能写出实验探究报告 在合作中注意既坚持原则又尊重他人 有合作精神 认识交流与合作的重要性

为更好地理解和把握探究式教学，我先来举两个教学片断。

【案例一】布朗运动

发现问题：18世纪英国植物学家布朗利用显微镜观察植物花粉授粉的情况，无意发现花粉在不停地运动，而且花粉本身也在不断转动和变形。

猜想与假设：布朗认为，这是有生命的花粉自发运动的原因。

制定计划与设计实验：用上百年前的植物标本微粒和岩石粉末（无生命）进行实验观察。

进行实验与收集数据：实验发现无生命微粒仍然在不停地运动（实验现象也是数据的一部分）。

分析与论证：由于无生命的微粒也能在液体中不停地运动，说明微粒的运动不是生命再现，而且任何微小颗粒在液体中都具有的运动特征。

【案例二】为什么平时总是看见轻的物体下落得慢、重的物体下落得快？

这是一个古老的问题，也是生活中经常遇见的问题，下面是我的教学处理。

老师：现在我来做一个小实验，请同学们仔细观察，看看有什么发现？（如图1取面积相同的纸片和硬币从同一高度同时无初速度释放）

学生：硬币下落得比纸片快些。

硬币做直线运动，纸片做曲线运动。

老师：很好！同学们有两个发现，这节课我们先来研究第一个发现。为什么硬币下落得快些？

学生：因为硬币比纸片重些。

老师：真是这样吗？

学生：（沉思）

教师：请同学们按如下表中的实验内容进行实验，看看有什么发现。

图1　　图2

实验内容	实验结果	
面积相同的纸片与硬币从同	硬币先落地	重的物体下落快
两张一样的纸，将其中一张搓成团，另一张铺平，从同一高度同时无初速度释放	纸团先落地	同样重的物体下落时也有快慢之分
一张大纸和一张小纸，将小纸搓成团，大纸铺平，从同一高度同时无初速度释放	纸团先落地	轻的物体下落快

学生：进行实验并将实验结果填入表格中（如表中虚线右边）。

老师：你们能从你的实验结果归纳出一个什么样的结论？

学生：物体下落的快慢似乎与物体的轻重无关？

老师：那么你们认为与什么有关呢？

学生：与物体的体积有关。

　　　与物体的形状有关。

老师：给每实验小组发几个大小不一的小铁球和形状各异的小铁块（老师事先准备好的）。请同学们按表格中的实验内容进行实验，记下实验结果，看看有什么发现。

实验内容	实验结果	结论
大、中、小三个小铁球从同一高度同时无初速度释放	同时落地	物体下落快慢与物体体积大小无关
长方形、三角形，球形小铁块从同一高度同时无初速度释放	同时落地	物体下落快慢与物体形状无关分

学生：（进行实验并记录实验结果如表中虚线右边）。

老师：怎么样？

学生：似乎与体积大小和形状也无关。

老师：既然同学们的实验结果是物体下落快慢与物体的轻重、体积大小、物体的形状无关，那么与什么有关呢？

学生：（交流、讨论）与空气阻力有关。

老师：你们的意思是，如果没有空气阻力，轻重物体的下落快慢是一样的，是吗？

学生：是。

老师：用如图2所示的真空管进行演示

……

以上的两个例子都经历了：（1）潜心观察，以某种方式（看、听、感觉、尝等）来感知事件中的特征。（2）对观察到的现象的本质形成假设，做出一般性的结论。（3）做出推断，将假设应用到今后的情形中。（4）进行实验或对推测的试验，通过寻找所推测的现象的实际情况来确定推测的正确与否。必要时对假设进行修改，并利用修改后的假设重复上述步骤。我们可以将这一科学思维程序小结如下：通过上面两个教学片断的比较、分析，我们可以了解到，所谓探究式教学就是：根据具体的教学内容、预先设定的教学目标、以知识为载体，在教师的引导下，让学生运用科学的方法（即学生用以获取知识、领悟科学的思想观念、领悟科学家研究自然界所用的方法而进行的各种活动。包括观察、测量、制作、提出假设、进行实验、提出模型和交流等）进行学习，主动获取知识，发展科学探究能力，形成科学概念，培养探索未知世界积极态度的实践活动。

在中学的探究式教学一般分为两类。一类是学生根据自己的观察或发现所提出的研究课题（或在教师推荐下由学生选择的研究课题），是利用课外时间进行的，学生自主程度较高，探究活动的环节较多，探究周期较长，但每一个学生所能完成的课题数目极其有限。另一类是在课堂内进行的，课题的内容服从教学进度的需要，课题由教科书或者教师提出，因受到课堂教学时间的限制，每个课题所花的时不可能太长，因此探究环节一般较少，这类探究课题的数量较多。

两个班两年来采用两种不同的教学方法今天看学生的差异很大，

表一　实验班对比班基本概念测试对比表

班级		2005 级十班		2005 级十一班	
学期		1学年一学期 基本概念	2学年二学期 基本概念	1学年一学期 基本概念	2学年二学期 基本概念
学籍		42	51	44	50
总分		2910	3966	3198	3700
平均		69.2	77.8	72.6	74
100－85	人数	2	10	2	8
	%	4.7	19.6	4.5	16
84－60	人数	37	40	41	42
	%	88	78	93	84
59－0	人数	31	1	1	0
	%	7.1	1.9	2.2	0

从表中可以看出，实验班学生基本概念平均成绩，比一年级提高 8.56 分；比对比班高 3.76 分。

表二　实验班基本规律、实验能力期末成绩前后对比表

学科		一年级第一学期			二年级第二学期		
		基本规律	实验	平均	基本规律	实验	平均
学籍		42	42	42	51	51	51
总分		2945	2842	2893	3779	3603	3880
平均		70.1	67.6	68.8	74.1	70.7	76
100－90	人数	0	2	1	4	6	6.25
	%	0	4.7	2.3	7.8	11.8	12.3
89－60	人数	38	29	33.5	40	37	37.7
	%	90	69	79.7	78.4	72.6	89.7
59－0	人数	4	11	7	7	8	4.5
	%	9.5	26.1	16.6	13.7	15.7	10.7

	学生数	部分	平均	优秀率	合格率	不合格
一学年一学期	42	2893	68.8	2.3	83	16.6
二学年二学期	51	3880	76	12.25	91	10.7
提高率		987	7.2	9.95	8	5.9

　　表二是学生的物理规律、实验能力成绩。从表中可以看出，二年级第二学期平均成绩比一年级提高 7.2 分，优秀率提高 9.95％，不及格率减少 5.9％。

表三　一学年第一学期实验班与对比班物理学期末总评分析表

班级	人数	平均成绩	优	良	及	不及
实验班	42	66	2	11	22	7
百分比			4.7	26.1	52.2	16.6
对比班	42	68.5	3	11	22	6
百分比			7.1	26.1	52.3	14.2

表四　二学年第二学期实验班与对比班物理学期末总评分析表

班级	人数	平均成绩	优	良	及	不及
实验班	51	77.3	8	17	24	2
百分比			15.6	33.3	47	3.9
对比班	50	78.5	3	17	29	1
百分比			6	34	58	2

表五　第一学期与第四学期实验班与对比班物理学期末总评对比分析表

班级	学期	平均成绩	优秀率	良好率	一般率	不及率
实验班	第一学期	66	4.7	26.1	52.2	16.6
	第八学期	77.3	15.6	33.3	47	3.9
	升降情况	+11.3	+11.1	+13.2	−5.2	−12.7
对比班	第一学期	68.5	7.1	26.1	52.3	14.2
	第八学期	78.5	6	34	58	2
	升降情况	+10	−1.1	+8.1	+6	−12.2

从表中可以看出，第四学期实验班物理成绩有较大的提高，平均成绩从 66 分提高到 77.3 分，比对比班增长了 1.3 分；优秀率增长了 11.1 个百分点，而对比班下降了 1.1 个百分点；良好率比对比班增长了 5.1 个百分点；一般率却下降了 5.2 百分点，而对比班增长了 6 个百分点；不及格率也比对比班下降了 0.5 个百分点。

表六　实验班和对比班学生学习数学的兴趣、态度的比较

组别 / 数据 / 统计		人数	学习兴趣				学习态度		
			浓厚	有兴趣	无所谓	厌恶	很投入	较一般	不投入
前测	实验班	42	8	24	8	2	15	22	5
	对比班	44	9	26	8	1	17	24	3
后测	实验班	51	19	30	2	0	31	19	1
	对比班	50	13	28	7	2	19	30	1

从上表可以看出，无论是对实验班还是对比班，运用探究式课堂教学更容易调动学生的学习兴趣，引起学生的注意；同时在实验初期，两班学生情况基本相同，没有明显差距，但实验处理之后，两班在学习兴趣方面出现显著差异。

六、探究式课堂教学问题情境特征

问题与疑问是探究式学习的起点，也是探究式学习的一个基本特征。物理探究式课堂教学，必须努力创设物理问题情境，让学生在物理问题情境中不断地发现问题，提出问题。

1. 物理探究式课堂教学思维开放特征

探究式学习是通过发现问题，研究探索，从而获取知识和技能的一种学习形式。探究式学习关注的不仅是问题的结果，更重要的是关注学生主动探索问题结果的过程，关注培养学生的思维能力，特别是创造性思维的方法和途径。因此，实施初中物理探究式课堂教学，必须具有思维开放特征，所有问题应启迪学生充分思考，必须给予学生广阔的思维空间。

2. 物理探究式课堂教学实践探索特征

实践是探究式学习的灵魂。实施物理探究式课堂教学，必须加强实践

探索活动，让学生围绕研究的问题，在实验、观察、统计、读书、查阅资料、收集信息、访问、调查、分析现象和数据等大量实践、探索活动中，丰富感性认识，训练、提高实践能力。加强实践探索活动，一是要组织做好演示实验和学生实验，对于"牛顿第二定律""欧姆定律"等问题，都不是先公开结论，而是指导学生在做好实验的基础上，分析归纳得出结论；二是要注重引导学生观察实验现象，记录、分析实验数据，得出实验结论；三是要重视引导学生掌握查阅资料、收集信息、调查访问等方法。

3. 物理探究式课堂教学学生主体特征

探究式学习以发展学生个性、培养创造性人才为目的。因此，物理探究式课堂教学，必须保证学生的主体地位，体现学生主体特征，使学生在教师的组织、指导下，独立思考，自主实践，主动学习。

4. 物理探究式课堂教学方法教育特征

探究式学习，是通过探究过程，让学生体会探索真理方法的一种学习方式。在初中物理探究式课堂教学中，应体现物理学研究方法教育的特征，对学生适时进行物理学研究方法的教育。物理教材中，潜存着许多物理学的研究方法。另外，实验、观察、假说、比较、尝试、模型、理想化、抓主要因素等，也都是物理常用的研究方法。在探究式教学中，教师应结合具体学习内容，适时对学生进行上述研究方法的教育，让学生体验和学习研究物理学的基本方法。

5. 探究式课堂教学能力培养特征

探究式学习以提高学生的综合素质、培养学生的综合能力为目标。初中物理探究式课堂教学，应根据学科特点和具体教学内容，努力培养学生的各种能力。

为了适应时代的要求，为了学生可持续发展，在物理课程中应增设物理"探究活动"的内容，给学生创设一个亲近生活、亲近社会的时空。

物理"探究活动"是在教师的指导下开展形式多样、丰富多彩的实践活动，使学生根据自己的兴趣和特长自主选择研究课题，并对活动中的某个问题有一结果。使学生在参加这些活动的过程中，学习知识、学习研究问题的方法，培养各种能力，并鼓励学生在研究的过程中，发现新问题、学习新知识、探究新方法、培养创新意识。物理学科课程是以讲授系统的物理知识为主要任务，物理"探究活动"不以传授物理知识为主要任务，而是以学生主动参与社会、生活实践，亲身体验并从实践中感悟、探究为主，使学生通过实际操作或亲身体验获得直接经验，并利用所学知识进行分析、加工等得出结果。心理学家朱志贤认为：初中学生思维发展的主要特征是抽象思维日益占有主要地位，但具体形象成分仍起着重要作用；思维的独立性和批判性有了显著的发展，但容易产生片面性和表面性等缺点。高中学生的思维具有更高的抽象概括性，并开始形成辩证逻辑思维；思维具有更大的组织性、深刻性和批判性，独立思考能力得到高度发展。

在中学生的思维中，抽象逻辑思维属于经验型水平，且经常需要具体的、直观的、感性经验的支持。在高中学生的思维中，抽象逻辑思维处在由经验型水平向理论型水平急剧转化过程中，开始有可能初步了解特殊与一般、归纳与演绎、理论与实践等对立统一的辩证思维规律。

物理学是一门观察、实验和物理思维相结合的科学；是一门研究物质运动形式最一般规律和应用十分广泛的基础科学；是一门定量的精密科学；是一门带有方法论性质的科学。物理学的特点决定了它不仅是新技术、新学科、新思维的原动力，而且具有重要的教育和文化价值。物理学是迄今为止发展得最为完善的自然科学学科之一，具有结构严谨、理论深奥、方法奇特等特征。物理学始终站在科学前沿，推动技术的进步和创新，极大地影响着社会和经济的发展。

物理"探究活动"的内容，可以是物理知识的应用，如根据所学物理知识进行小制作活动或对某物理知识进行较深入的研究等；也可以是与物理知识有关的与其他学科综合的应用，如环保方面的问题、能源方面的问题等；

学生对事物感兴趣的程度及方向是不同的，教师对学生的要求应视学生的具体情况而定，应给学生一些宽松的、能发挥出个性特点的不同的要求，教师应尽可能地创设更多的情境，使学生能充分发挥自己的潜能。物理"探究活动"应因地制宜地进行教学，不能搞万人读一本书的做法，应根据自己的具体情况，挖掘出好的题材，使学生在物理"探究活动"中真正得到锻炼，创造性思维得到培养。

第三章　无格之格

教育中应该是尽量鼓励个人发展的过程，应该引导儿童自己进行探讨，自己去推论。给他们讲的应该尽量少些，而引导他们去发现的应该尽量多些。

——斯宾塞

2009 年以后，各地陆续进入了新课程改革的第二期工程（简称"二期课改"）。"二期课改"的核心就是要改变以往由学生适应课程的被动局面，建立起让课程适应并促进每一位学生发展的现代课程体系。这将带来课程理念、课程结构、课程内容、评价体系、学习方式等一系列重大变革。

"二期课改"是基于"一期课改"后教育现状的反思而实施的，因此它在课程理念上实现了突破性变革，即树立起课程是为学生提供学习经历并获得学习经验的观念；以学生发展为本，以德育为核心，以学习方式的改变为突破口，重点培养学生的创新精神和实践能力；加强课程的整合，促进课程各要素间的有机联系。

"二期课改"提出课程要向学生提供"五种学习经历"的新概念，就是要通过提供品德形成和人格发展、潜能开发和认知发展、体育与健身、艺术修养和发展、社会实践等五大方面的经历，注重学生的全面发展，真正实现学生由学校人向社会人的转化。

"二期课改"的核心思想就是"以学生发展为本"，教育思想的着眼点是学生的"发展"，与一期课改是提出的"学生中心""学生本位"教育思想有不同的测重。事实证明，以学生为中心的"学生本位"课程，虽然有理论和实践上的积极意义，但是不能保证学生的全面发展。教育的本质就是发展，素质教育就是用追求全体学生生动活泼、积极主动地全面发展，并为将来每个学生的终身可持续发展打下坚实的基础。以学生的发展为本的本质是：学生发展与社会的发展需要在根本利用和价值体现上的统一。这种发展观含义：是学生的发展是适应社会需要的全体学生的发展；是学生有个性的发展；是学生可持续的终身发展。

教无定法，贵在得法。多元教学模式"以学生的发展为本"的理念为指导，是"一切为了学生，高度尊重学生，全面依靠学生"的课堂教学需要，真正做到以学生为主体，为学生好学、乐学、优学而设计的课堂教学。

多元教学模式要求教学设计以学生为出发点、教学目标是为了学生发展，教学手段是促进学生发展，而教学方法可以是：认知学派信息加工教学模式、行为主义学派行为教学模式，人本主义学派个性教学模式、社会本位主义的交往教学模式、也可以是人本主义和社会本位主义的合作教学模式。

应该承认随着课堂教学改革的深化，课程的发展呈现出生活化、多样化，也导致了教学方法的多样性和丰富性。只以发展学生创造性思维为目的教学方法就有十种之多：如发现法、解决课题法、问题教学法、范例教学法、暗示教学法、问题讨论法、欣赏法、观察法、局部探求法、研究法、探究和研讨教学法、综合性学习法、自主合作探究式教学法等。如此这般，不一而足。教学方法的多样性是课堂教学科学化、现代化的必然选择，也是课程发展的必然要求。

第一节　高中生主动学习品质影响要素研究

不能把小孩子的精神世界变成单纯学习知识。如果我们力求使儿童的全部精神力量都专注到功课上去，他的生活就会变得不堪忍受。他不仅应该是一个学生，而且首先应该是一个有多方面兴趣、要求和愿望的人。

——苏霍姆林斯基

课题"构建高中生主动学习个性品质"主要研究高中生行为特征和认

知心理过程，探讨培养高中生主动学习个性品质的教育理念和教育环境。

一、教育理念的新发展

1. 智能意识与"全人"意识

人的发展不仅与人的认知能力、认知方式有关，更与人的生活态度、情感、人格诸因素有关，是人的整体发展，是"全人"的发展。

2. 全面性与差异性

多元智能理论强调每个人都是以自己的方式来理解知识和建构自己对事物的认识，因此多元智能理论核心是在教学中特别关注学习者个体智能差异对教学的意义。多元智能的教学目标是利用个体差异心理表征的不同，建构教学上的"多元切入点"。

3. 过程中心与结论中心

认知心理学注重分析每个人的认知活动的心理过程，提倡过程中心。过程式的启发教育不是老师提出问题，而是学生自己主动提问，通过师生合作在不断地探索之中自主寻找答案，由此完成独立思维的过程。

4. 自我效能与学会学习

增强学习动机，实现主动学习又依靠正确的教育原则和教学策略，如对学生提出适度的要求，对学习状况给予及时反馈，了解学生对奖励的估价，让所有学生都有获得奖励的机会等，提升自我效能感。

二、构建高中生主动学习个性心理品质的理论依据

个性指个体在生活过程中形成的对现实的稳定态度以及与之相适应的习惯化的行为方式。阿尔波特将个性特征分成共同特质与个人特质。个人特质是个人独有的、代表个人行为倾向的特质。苏联心理学家将个性分为态度特征、意志特征、情绪特征和理智特征。这些特征决定了学生的学习态度、对自己学习行为的自觉调节方式和水平，包括自觉性、可控性、坚持性和果断性，学习情绪的稳定性和持久性，还涉及在感知、记忆、想象和思维等认知方面的个人特点。

三、学生学习心理现状分析及对策

应试教育给学生带来的心理压力和心理偏差造成诸多问题，如厌学、

学习困难、学习障碍、学习恐惧症，在自我评价、自我体验、自制力方面也出现不正常现象。

学校教育要使用符合学生心理健康发展的教育策略，关注学生的良好的个性品质形成，特别是独立性、责任性、自信心的培养；关注学生的学习能力和学习方法的提高及好的学习习惯和学习态度的形成；关注学生的主动求知与主动参与；关注学生的价值观念与情感态度在学习活动中的作用。作为学校教育工作者不但要对学生学习的心理问题进行辅导和矫正，而且要不断创设素质教育环境，培养学生主动学习个性心理品质。

四、课题研究的结论

构建高中生主动学习个性品质应遵循三项原则，即自主调控原则、自主学习原则和自主发展原则。

1. 自主调控原则

高中生自我意识高度发展，注重自我评价，有自治要求和确立价值观的强烈需求。班杜拉认为，学生的自我调控是个人、环境和行为三因素交互作用的结果。学生的知识水平和认知习惯各不相同，个性和特长存在巨大差异，要培养高中学生主动学习的个性品质，必须在教育教学过程中给学生自主选择的空间，并培养学生有意识地监测、评估、调节自己的思维、感知、情绪、动机与行为，以达到自主学习、自主发展、学有所成的目的。

学校设计的研究性课程，学生自己提出研究课题，主动参与课题的探究，在探究的过程中去体验，并实现自我评价。学校开展的"高中生学习潜能开发团体训练的研究"，通过科学设计团体辅导活动，使学生产生强烈的情感体验。学生通过自我反省，以自己独特的个性去分析、感受、判断，从而解决自己的和他人的内心世界的烦恼。为了增强学生自我调控意识和能力，教师应研究和传授自我调控的方法与知识，包括学习时间管理、学习过程监测和调节以及情绪调节的方法。

2. 自主学习原则

取得知识和选择知识都离不开自主学习。各种教学法和学习法各有千秋，又因人而异，适合自己的才是最好的。每个学生都应找到适合自己的教学法和学习法，这也离不开自主学习。发展心理学的研究认为，高中生抽象逻辑思维已具充分的假设性、预计性和内省性，形式逻辑思维和辩证逻辑思维已发展到一定水平，完全具备自主学习的条件。

自主学习的核心是创造思维和创造精神。为了培养高中生的创造思维和创造精神，转换以书本知识为本位的灌输式和接受式传统课堂教学模式，建构以学习为本位的自主性、开放性和发展性为主要特征的探究性课堂教学模式，是学校各学科课堂设计的主导思想。

3. 自主发展原则

归因理论认为，如果一个人把失败归因于能力差、任务太难等因素，就会对未来失去信心；但如果把失败归因于努力不够，成功的希望就会增强。因此，在教育教学过程中，教师要给每一位学生有成功的机会，始终维护学生积极的自我形象。分层教学对于数学学习困难学生，降低了难度，"跳一下就能摘到苹果"，增强了学生争取进步的信心。

五、构建高中生主动学习个性品质的四项策略

1. 根据学生生长需求强化学习动机策略

生长需求包括认识和理解的需求、审美的需求和自我实现的需求。马斯洛理论认为，学生最重要的缺失需求是爱和自尊。如果学生感到没有被人爱，或被认为无能，他们就不可能有强烈的动机去实现较高的目标。一个人越是能够满足认知和理解的需求，越是能够有强烈的动机去学习更多的东西。要使学生具有创造性，一定要使学生感到教师是公正大度的，不会因自己出差错而遭到嘲笑或惩罚。

把不同作业和任务分配给学生，采用不同成功标准的课堂称为多维度课堂。在多维课堂，每个人都可能有成功感和有能力发展的信念。学校按照有关学生生长需求的心理学原理，根据多维课堂的现代教育教学原则，调整和改革学校各种课程教学，强化学生的学习动机。

2. 维持学生学习活动长久积极性策略

有学习兴趣，才能有学习动机。学生学习的直接兴趣来自教育教学形式或内容的精彩，但诸多课程的教育教学形式或内容难以做到精彩诱人，这就要靠学生的间接兴趣来形成有意注意，以保证强烈的学习动机。学校设置的综合课、研究性课程、学科或跨学科讲座、理想志向教育和责任意识教育等都能较好地解决学生学习的间接兴趣问题。

3. 培养学生主动学习的课堂教学策略

我们主要运用阿姆斯自主定向课堂结构模式，密切结合我校学生实际，要求教师遵照以下课堂教学策略：

变化和多样性的学习活动比较能引起学生的兴趣。设计合理并具挑战性的学习任务可以使学生的注意力集中在学习任务上。课堂上的小组合作学习有利于调动大多数学生的积极性。对学生的评价主要着眼于学生的自我改进和提高，总是与别的同学比较，容易伤害大部分学生的学习积极性。评价应强调学生的学习过程，为学生提供改进的机会。课堂教学的设计和操作要明确教师的主导和学生的主体作用。研究表明，学习的自主定向与学生内部动机存在正相关。在课堂教学中，学生的自主选择有助于发展学生的责任性和独立性。

第二节　情感因素在教学中的作用研究

成功的欢乐是一种巨大的情绪力量，它可以促进学生学习的愿望。请你注意无论如何不要使这种内在力量消失。

——苏霍姆林斯基

2005 年，我校提出了尊重的教育理念，为了更好地践行这一理念，我开始了情感因素在教学中的作用研究。

情感是人对客观事物是否符合自己需要的态度的体验，心理学研究表明，情感因素是影响教学质量的一个重要因素。积极丰富的情感能促进认识过程、意志过程，使个性品质得到全面发展。由于学生是学习的主体，学生的情感必然成为影响学生学习的一个极为重要的因素。

一、情感是学生学好物理知识的重要因素

曾有人调查参加第一届到第四届全国中学生物理竞赛决赛的学生对九

门学科的兴趣情况，其中居于前四位的是物理、数学、化学、外语，参加全国物理决赛的学生对物理感兴趣的人数最多，这一结果反映出兴趣（情感）在学习中的重要作用。还有人对学生的物理学习兴趣进行了较广泛的调查分析，统计结果表明：学生的物理成绩与对本学科的兴趣（积极的学科情感）成高度正相关，兴趣是学习动机中最活跃的部分，它使人积极主动、心情愉快、全神贯注地学习，不以学习为负担，而以学习为享受，所以人们在浓厚的兴趣下所获得的一切，常会掌握得迅速而牢固。

二、消极学科情感的成因

广东电视台和《中国青年报》分别做过对低年级中学生的问卷调查，结果表明：低年级中学生最感兴趣的学科是物理。教学实践中我们也发现：刚进入初二或高一阶段的学生，他们对物理课的学习还是很感兴趣的，能意识到物理知识在科技、生活中的重要意义，想学好这门学科，能积极主动地投入到学习中去。但随着学习的深入，一部分学生对物理课的学习逐渐从主动变为被动，甚至还有不少学生丧失学习物理的兴趣。

为什么会出现这种现象呢？究其原因并不都是学生的智力因素，而主要是教师在教学中只重视向学生传授知识而忽视了学生学习中积极的情感因素的培养，从而导致学生没有建立起积极的学科情感，失去了对物理学习的信心和兴趣。

1. 教师的消极情感的影响

在中学物理教学过程中，物理教师对自己的工作是乐意还是厌倦，这体现了物理教师对教学工作的情感。由于教师在教学中起主导作用，教师的情感对学生具有强烈的感染作用。心理学研究认为：当人们通过面部表情以及声音的变化等把情感传达到接受对象时，主体的情感便对客体产生感染作用，对客体产生影响，产生与主体相类似的感觉。而在当前的物理课堂教学中为数不少的老师或因缺乏足够的专业思想和教学热情，或因片面认为物理教师讲授的是科学知识，只要用符合逻辑和科学的语言去说明事理就可以了，致使在课堂教学中表情麻木冷漠，讲授平淡无奇，以致造成课堂气氛压抑、沉闷，学生则易不专心听讲，不愿回答老师的问题，对老师布置的任务马虎敷衍，久而久之则形成对物理学科的消极情感。

2. 缺乏成功的情感体验

心理学研究认为：人有一种自我实现、承认、取得成功的愿望和需要。成功和失败在学生心理上会引起不同的情感体验，对学生学习产生不同的影响。物理是一门以实验为基础的学科，其概念严谨、推理周密，这就要求学生具有较强的抽象能力和理解能力，而学生的已有知识和能力还比较欠缺，这样物理学对学生的知识和能力的要求与他们的已有知识和能力之间存在一定差距，一些学生在不能将老师所讲知识掌握、作业频繁出错、提问回答不对、测验得不到好成绩时，又常会被老师一味地责备为不努力、不认真学，从而使他们感到自己比别人差，产生自卑感，特别是物理学习中接连出现失败时，便会严重挫伤学生学习物理的积极性，加之部分老师受片面追求升学率的影响，"望生成龙"心切，教学中一味提高教学要求，更增加了学生失败的情感体验，其后果是使学生对物理产生害怕、厌恶等不正常情感。致使一些学生产生"反正学不会，干脆不学了"的想法。

3. 师生关系的影响

教师和学生构成了中学物理教学中两个重要的方面，学生的学科情感常取决于对任课老师的喜好，古人云："亲其师，信其道。"如果教师课堂上对全班每个学生都抱着积极、热情、信任的态度，并在教学中让学生感受到这种态度，当学生从教师那里感受到真诚的关怀和挚爱、积极的期待和希望时，他就会有一种受到信赖、鼓舞与激励的内心情感体验，从而从内心升腾起对老师的信赖和爱戴。"爱屋及乌"，由喜欢老师而喜欢他所任教的学科，从而愉快地接受教师的教诲，并努力将教诲转化为行动，实现教师的期望，反之则不然。

教学实践还表明，同一班学生对班主任所教的学科学得好一些，这也正说明了师生的情感在很大程度上影响着学生的学科情感。

三、培养学生积极的学科情感

在物理教学过程中，我是靠下面的办法来培养学生的学科情感。

1. 热爱本职工作，提高自身修养

言为心声，情动于意而形于色，如果没有对本职工作的热爱，哪会有讲课时津津乐道的热情和笑容可掬的神情呢？又哪会获得学生的尊敬与爱戴呢？敬业为先，满腔热情地投入到物理教学工作中去，不断自我完善，以饱满的、积极向上的热情带领学生去探索物理世界的奥秘，这样就会对学生学习情感产生巨大的影响。正如赞可夫所说："如果教师本身就燃烧着对知识的渴望，学生就会迷恋于知识的获取。"

2. 建立良好的师生情感

热爱自己的学生，关心他们的学习和成长，当学生在学习中遇到困难和挫折时，耐心地帮助他们分析原因，找到解决问题的办法，而不是过多地苛求、指责，让每位学生感受到老师的爱和期望。师生的情感交流是双向的，但由于中学生心理发育尚不健全，因而教师处在主导的地位上，教师必须考虑到学生的年龄、性别的不同和群体和个体的差异，主动采用相应的情感交流途径与方法，要正确理解"师道尊严"的内涵，清除盲目的"唯我独尊"的心理，主动积极地营造融洽的师生关系。

3. 让学生体验成功

教学中对全体学生一视同仁，对不同层次、不同特点的学生分别施教。注意设置教学内容的层次和梯度，创设更多的条件，让每个学生都能体验到学习上的成就感，特别是在容易产生厌学情绪的高一年级教学中，教学要求压得低一点，考试题目要容易一点，教学内容要严格控制在必修课本以内，千万不能根据高考要求，过早补充内容企图一步到位，其结果往往适得其反。我曾在《力》一章后加"物体的受力分析"内容，并配以比较复杂的弹力和摩擦力的分析，结果不仅多数学生没掌握，而且严重影响了后续学习的积极性。后改为在《牛顿运动定律》之后进行受力分析训练，学生便容易接受，因此，有些知识宜随着学生知识和能力的提高逐步引向深入。关于考试更应基于对"双基"知识的考查，切忌难度过高，以保护学生学习物理的积极情感。

苏霍姆林斯基曾把学生的情感比作土地，把学生的智力比作种子，他说："只关心种子而忘了耕地，等于撒下种子喂麻雀。"在当前由应试教育向素质教育转变的过程中，对学生情感因素的研究，应该成为一个不容忽视的问题。

四、教学中做学生的良师益友

通过教学中情感因素应用的研究，使我在教学中做学生的良师益友，和学生打成一片。让本来对物理没有兴趣同学会随着喜欢听我的课而喜欢上物理，同时也使我更加体会到教学中没有什么不可能，学生只要用心，只要想进步，我就一定要充分激发他的潜力，让他达到自己最满意的水平。永远用欣赏的眼光看学生，永远用宽容的心态面对学生。在我的眼里，每个学生都是一座宝藏，有待于我去开发和挖掘。所以在平时与学生的交流中我会尽量地让学生畅所欲言，表达自己的观点。这种开放式的教学也深得同学们的喜欢。因为他们觉得自己的个性得到发挥，人格获得了尊重。

第三节　一堂好课的评价标准探索

　　一个人从小受的教育把他往哪里引导，能决定他后来往哪里走。

——柏拉图

国家的发展在教育，教育的发展在教师，教师发展的主阵地在课堂。教师只有着力课堂，才能提高教学效果，提升自己的教学水平。而课堂评价是课堂价值高低的标准，课堂教学质量的评价是当前深化教育改革、实施新课程标准的关键一环。其中，如何寻求体现新课程教学理念的课堂教学评估指标体系，是近年来研究的中心议题。传统的课堂教学评价标准忽略课程的整体性，重结果的认定；轻在过程中促进发展，重共性化宏观要求；轻个性化细节落实，侧重教师"教"的行为；忽略学生"学"的行为以及一线教师的参与制订，重标准制定者的权威。针对这些情况，在二期课时，国家对课堂评价提出了新的要求，相应的课堂评价标准也应运而生。

东北师大附中以学生发展的要求、教与学的统一性、学科的核心素养要求为依据，采取整体分析方法与内涵分析方法相结合的基本策略来构建课堂教学评价标准。笔者拟从"一节好课的评价标准"的构成要素、评价标准、研究方法来探讨一下何为"一节好课的评价标准"。

一、"一节好课的评价标准"的构成要素

"以知识为中心"和无交流、无互动的"满堂灌"历来被社会各界所诟病，怎么"讲"、什么时候"讲"的问题，成为衡量"一节好课的评价标准"的评价要素。我们采取对领导、教师、学生分别采取问卷调查，在问卷中排名在前十的要素，按排名顺序如表1：

表1　最受重视的标准

条目内容	排位
教学目标清晰、明确、具体。教学重点突出、难点突破。教学预设科学合理，能联系学生实际，考虑学生的参与性、层次的挑战性、动态的生成性、体现新课改理念，可操作性强。	1
课堂以学生为中心，注重学法指导，培养良好习惯，组织多种形式探究、讨论、交流等活动，强化学生能力发展。	2
师生关系融洽，课堂气氛活跃，讲解条理清楚、逻辑性强，能针对学生回答问题的质态，及时作出判断与点拨，提问和当面检查率高。	3
善于创设学习情境，既有创意又切合学情，铺设桥梁，衔接新知与旧知；不游离于教学内容，能有效激发学生兴趣，迅速集中思维；让学生主动参与教学，参与面广，参与度高。	4
能充分有效地利用课堂时间，面向全体，贯彻学科核心素养，因材施教，使不同学生得到不同发展。	5
提倡多元思维，创设有助于师生对话、沟通的教学情境，营造民主、和谐、互动、开放的学习氛围，激发学习兴趣。	6

续表

条目内容	排位
教师教学手段、方法合理有效，恰当选用的教学媒体，适时有效地辅助教学，课堂容量大，扎实高效。	7
学生能积极、有序地交流、展示探究成果，并善于倾听、反思、质疑和评价。	8
正确把握、利用、处理、整合教材，能根据学生的实际发展水平和特点创造性地使用教材，能体现对教材的"二次开发"，讲课内容深浅适度且有一定挑战性。	9
教师课堂驾驭能力强：语言表达能力强，语言规范、精练、简明、生动、板书规范、设计合理，基本功扎实，能及时捕捉和利用课堂生成资源，尊重学生的独到见解，并给予恰当地评价，教学民主。	10

由表1可见，新课程所提倡的教学理念，如注重学习方法的引导、合作学习和教学技术手段、学生的主动参与等，受到了教师的高度重视。同时，传统的讲解和注重教学时间效率的观念，教师教学的基本功，教学基本环节如提问、复习等的重视程度仍很高。

在对教师和领导的问卷调查中，被调查教师对一堂好课的看法是，首先看教师的讲解；其次，看对教学环境的设计；再次，看调动学生，运用教学手段。认为一堂好课应具备以下特征：教师善于讲解、教学设计适切、课堂调控自如、教学手段恰当。

这说明，传统的课堂注重讲解和新课程注重发挥学生主体性要求的价值追求并存，课堂教学质量、效率、时间控制与气氛活跃，体现教学民主、人文关怀的价值追求并存。其中，讲解和质量效率的价值追求仍占主导。

综合以上来看，好课的标准维度是指从几个侧面量度一节课是否达到好课的准则，亦即其效能是高效的、过程是最优化的、师生是互动参与的，好课应该既凸显学习的主体——学生身上，以考查学生在课堂上的学习状态为主；同时也要彰显教师在教的过程中高超的教学艺术；让师生共同成长，体验成功的快乐。一节好课的核心魂魄是以学生为中心，以促进学生的发展为根本宗旨，看学生变了没有、发展了没有。

笔者认为，好课应该贯彻的主要新课程理念是皮亚杰、维果斯基的建构主义、加德纳的多元智力学说和斯滕伯格的成功智力学说的综合。我们强调课堂是一个结论和过程统一、认知和情感统一的整体，要实现真正教学过程的高效，需要教育教学过程最优化理论的支撑，这也正是该理论成为我们构建好课标准维度的依据的原因所在。

一线教师的好课标准虽不系统，但也十分有道理：例如有人说主动性、有效率、生成性是好；有人说目标明确、重点突出、难点突破是好；有人说课堂气氛活跃是好课。这不能不引起我们的思考：为什么好课的标准这么多？好课有没有统一的标准？什么是"好"？依据什么标准判断"好"？

二、"一节好课的评价标准"的研究方法

本文以聚焦课堂、研究教学、促进发展为目标，以专家引领、实证调查、行动研究、文献研究、座谈、问卷、反思等为手段，以推出公开课、展示课的听课、评课活动以及教研组与工作室的论坛活动等方式促深化。

1. 行动研究

行动研究是一种在教研组和工作室成员小范围内所进行的课堂教学改革和评价标准的探索，其目的不在于建立理论、归纳规律，而是在行动研究中不断地探索、改进和解决研究活动、课堂教学的实际问题。

（1）案例研究

在案例研究中针对一节课或一个实际情境的描述，提出一个或多个疑难问题，同时研讨解决这些问题的方法。深入课堂进行听课，收集有价值的案例，把这些案例通过一个主题截取多个教学行为片段，研究这些片段蕴涵了的教育理论，它源于实践，但高于实践。研究中以真实的教师和事件为基础，但又不是简单而机械的课堂实录，它是教师对自身典型教学事例的描述，它可以描述一节课或一个片段，也可以围绕一个主题，把几节

课的相关片段叠加。

（2）座谈

每次座谈先确定一到两位主持人，在组会上其他人作为被访者一起就某些问题进行讨论。座谈会访问的主要目的在于：挖掘每个人在不同场合听到或参与的一次次评课的过程，在这过程中，有我们评课者思维的碰撞，也有我们对某个标准要素产生的分歧。在反复的讨论中，可以获得一些有价值的好课要素。

（3）反思

反思就是组内每位成员对自己经历过的上课、评课感受及学习体验进行思考。通过教学内省、教学体验、教学监控等，对既定秩序、传统观念、流行见解等的大胆质疑，对现实状况重新审视和批判，获得有价值的好课要素。

2．德尔菲研究法

所谓德尔菲法本质上是一种反馈匿名函询法，大致流程是：在对所要预测的问题征得专家的意见之后，进行整理、归纳、统计，再匿名反馈给各专家，再次征求意见，再集中，再反馈，直至得到一致的意见。其过程可简单表示为：匿名征求专家意见后，进行归纳、统计，再匿名反馈给各专家，再次归纳、统计……若干轮后停止调查研究，从调查中获取好课标准的要素、研究的认识及建议，直接获取调查对象的态度、情感等信息。调查前，笔者制作了调查提纲，并根据访谈对象的背景、职务等特质的不同调整了部分题目，便于在有限时间内深入探讨问题，并保证问题的针对性、灵活性。

本次的调查对象，包括：学校校长、省市教育学院学科教研员、教学校长、特级教师、教导主任、教科研室主任、教研组长、科任教师（语文、数学、外语、物理、化学、生物、历史、地理、政治）共计向 8 所学校（我校及工作室成员校），且均是优质学校，发放 300 份调查问卷，有效问卷 268 份，问卷回收率达 89%。所有参与调查的老师都参加过新课程通识培训，了解当前课堂教学改革的新理念。268 名教师中，从学科分布来看，语文学科 55 人，占 20.5%；数学学科 50 人，占 18.6%；英语学科 41 人，占 15.3%；物理学科 54 人，占 20.2%；其他学科（化学、生物、历史、地理、政治）68人，占 25.4%。从性别构成来看，男教师 65人，占 24.3%；女教师 203人，占 75.7%。从职称结构来看，初级职称 72人，占 26.9%；中级职称 114人，占 42.5%；高级职称 82人，占 30.6%。

与此同时，将各地教育行政部门和学校的评课标准收集起来，并统计出频率的高低。笔者从中抽取出出现频率最高的 30条，以教学目标、教学内容、教学手段、教学基本功等内容为标准，以"非常重要、重要、一般、不太重要、不重要"五个维度来调查教师对每个项目所持的态度。笔者还就教师心目中一堂好课的标准进行了开放式的问卷调查，并与教师进行了座谈来了解他们对一堂好课标准的看法。

3. 文献研究

搜集、鉴别、整理与课堂教学评价标准有关的各种文献，并通过对文献的研究形成对"一堂好课的标准"的科学认识的方法。对与现状有关的各种文献做出分析，本研究查阅了大量与课堂教学评价标准有关的文献，以便掌握"一堂好课的标准"的研究方向有关的研究动态、前沿进展，了解前人已取得的成果、研究的现状等。

文献积累内容力求做到充实和全面，不仅搜集课题所涉及的各方面的文献，还搜集由不同人或从不同角度对"一堂好课的标准"方面做出记载、描述和评价的文献。不仅搜集相同观点的文献，还搜集不同观点、甚至相反观点的文献。

三、"一节好课的评价标准"的评价标准

1. 理念层面

（1）坚持"一个中心"

"以学生为中心""以学生发展为中心"，这是一节好课应共同遵循的理念，也应该是指导学校进行课堂教学改革的准则。如何做到以学生为中心？应该从教师与学生两方面来实践——学生要有自主学习意识与教师要有自主教学理念；学生要把学习当成自己本该完成的事情。自主学习的思想意识的形成需要特定的条件与环境，还需要长久的外在感染熏陶和内在自我教育。要求教师要因地制宜、因势利导、因材施教，只有把握住课堂中一切自主教育的契机，才能帮助学生养成更多的自主学习习惯，要求我

们在教学中时时问自己:"我传授给学生的知识和技能有用吗?什么时候有用?这样的方法和能力有利于学生的终身发展吗?

(2)好课"有德"

一是学科德育,一堂好课不能只见文本,不见学生;只见知识,不见育人。由于我们德育教育的"假大空"问题,一些老师误认为德育是政教处、班主任、政治老师的事,与理科老师无多大关系。其实真正的德育就是养成良好地行为规范、做好自己该做的事,具有实事求是的精神、科学的素养,上课准备好备品、认真学习、积极思考、完成作业就是最好的德育。

二是关注学生学习的心情、态度、习惯,关注学生之间的友好交流、愉快合作、合理评价,让学生学会倾听、观察、尊重、欣赏、助人、共享,学会讲文明、讲道理。

三是教师在课堂上要细心地去关注孩子们的精神世界,让孩子们的精神生命在每节课的活动中得以成长。

2. 操作层面

(1)教学环境的"清晰度"

一堂好课的评价标准首先要看教学环节是否"清晰",教学环节的清晰度包括四个方面:

一是明确学习目标。教师不但要自己清楚,还要让学生清楚教学的要求和将要完成的任务,激发学生学习的欲望与期待。这些目标可以是口头上的,或者写在黑板的一角,或者写在一张纸上作为分发给学生的书面材料。

二是理解学生知识基础,关注最近发展区。善于在讲授新知识之前先复习学生已学过的关键概念和相关材料,或者鼓励学生回忆与之相关的经验,并把它们整合进入到新的教学活动之中。让学生在已有知识的基础之上内化新知识,可以加强新旧知识之间的连接,以便于建构"个人知识",帮助学生理解新的概念、原理。利用先前知识促进新知识学习的比较有效的手段是口头提问,或者检查家庭作业,这可以在教师引导下完成,也可以通过学生互帮来进行。此策略能够使学生迅速回忆起曾经学过的内容,为学习新知识做好铺垫。

三是表达要清晰。用简洁的语言表达教学内容，根据学生的基础与需要对单元知识进行重组，强调知识由点到面的学习，加强知识的系统性、整合性和迁移性。教师在教学活动中的指令也应当清晰明了，尤其是在让学生开展自主学习、合作学习过程中分组原则、讨论任务、分工协作、汇报展示、练习作业等环节都需要交代清楚。一个有经验的教师在布置作业时会强调作业与所教内容的关系，说明为什么要布置作业以及对作业的要求等。除了口头语言之外，教师可以利用板书、多媒体、示范等手段来提高指令的清晰性，以避免学生感觉无所适从。

四是注重总结反馈。总结反馈是一堂好课的重要一环，有利于学生掌握与巩固知识，并把知识运用到实际中去。教师应当在每节课结束之前留出几分钟时间给学生答疑、复习、强化、练习或者进行小结提升，这样学习效果就会更好。总结和反馈不是对教学内容的简单重复，也不必面面俱到，它是对教学内容和概念的重新组合，要比较概括、整体提炼，突出重点。

（2）课堂的"四度"

一堂好课的评价标准也要看课堂的"四度"即：

一是自主的程度。能自己看会的自己看，能自己做会的自己做，学生能说明白的就让学生说，学生能批的就让学生批，老师不要不放心、包办替代，一节好课就是让学生看起来、读起来、学起来、动起来、做起来。

二是合作的参与度。小组合作学习成功与否主要看学生的参与度，参与度不仅指人数的多少与是否发言。这个参与包括"显性参与"和"隐性参与"，看学生是否参与，要看眼神、动作、思维等指标。学生的参与度在不同时段有不同要求。有的课堂看似讨论热烈，但实为伪参与，是教师控制下的被动参与，是少数好学生的参与，大部分学生成了陪衬。好课要的是学生主动参与、全员参与。提高学生课堂参与度的方法多种多样，比如创设情境，激发学生的学习动机，培养学生的学习兴趣，增强学生参与的意识；改变教学形式，开展自主学习、合作学习；巧设问题，设置认知冲突，开展课堂讨论，鼓励动手操作与练习，激发学生思考；多一些积极的评价或表扬，采用正面激励的反馈方法，增强学生的自信等等。

三是探究的深度。探究学习是一种发现学习，具有深刻的问题性、广泛的参与性、丰富的实践性与开放性。学生学习的过程不仅是一个获取知识的过程，更是一个发现知识的过程。探究学习的深度如何，主要看学生有无有问题意识和问题能力。问题的数量是否多、质量是否高，现成的结论并不重要，重要的是过程的体验与方法的掌握。

四是生成的高度。传统的课堂好像比较容易达到一定的高度，自主课堂老师费了很大的劲儿，但高度上不去，学生也说不到点子上，老师一焦躁，就跳出来自己讲算了。老师不要忘了，能力是练出来的，不是讲出来的。高度取决于教学设计，取决于老师对知识的引领、点拨上。学生不仅是教学的对象，更是教学的资源。一堂好课教师要做到"心中有学生，眼中有资源"。

在学生身上，不同学生来自于不同的地域和家庭背景，具有不同的知识基础与认知风格，形成了各具特色的差异性资源和建构知识的不同视角，这就为教学资源的生成提供了各种可能性。教师在教学过程中要善于引导或利用这些个性化的思维方式、多样化的认知风格、动态化的学习策略，实现学生间的资源共享。

3. 策略层面

(1) 民主

课堂上学生的思维与我们的预设教学策略是有差距的，有时甚至是出乎意料的问题和点子，这就要求抛开教案预设策略，从学生的动态变化中去动态生成我们的课堂教学。但是，民主不是学生说到哪里，教师就教到哪里。每一节课都有课堂教学目标，而课堂上学生之间可能由于认识发生分歧而产生争论，有些学生的发现甚至是我们始料未及的，有时学生的发言还漫无边际，遇到这些情况我们怎么办？此时就应智慧地处理，既保护学生学习的积极性，肯定他们有价值的探索与发现，又要以目标为导向，对学习过程中不理想的，甚至错误的信息进行匡正。好课堂一定要有目标意识，即知道学习什么、怎么学习以及怎样指导学生，当学生认识发生跑偏时怎样匡正。不管什么策略，核心是能否做到开头引人入胜，中间高潮迭起，结尾余味无穷。注意扬长避短，按照自己的习惯把自己的长处发挥得淋漓尽致。

（2）求美

"优美理论"认为，美就是真。数学之美和艺术之美一样，虽然无法定义，但却符合内在的逻辑结构。追求美的课堂，就是追求学科的核心素养。如物理学科的核心素养是学生在接受物理教育的过程中逐步形成适应个人终生发展和社会发展需要的必备品格和关键能力，是学生通过物理学习内化的带有物理学科特性的品质，是学生物理核心素养的关键成分，主要由"物理观念""科学思维""实验探究""学科态度与责任"四个方面的要素构成。通过课堂教学，学生应该达到如上素养水平。好课是一项追求美的艺术，需要老师以"治大国如烹小鲜"的心态，注入心血与精力，静候花开。

总之，明确"一堂好课的评价标准"对学校的教学管理，教师专业发展，学生的全面、和谐、可持续的发展均有积极作用。它是校本教研的基础，是把问题生成课题，以达到使我们的教育教学水平有一个长足迈进的目的。我们研究好课的标准，可以促使教师们对自己的课堂教学与好课标准进行对比，并在对比中发现问题，然后进行有效的诊断，从而实现全面提升教师素质与教学水平。因此，我们可以说，对于好课标准的研究是校本教研中诊断性研究的基础。而好课标准则对在课堂教学中，如何按照新课标进行教学做出了具体而明确的规定，这些规定会对教师们产生潜移默化的影响，势必会成为推动课程改革的动力。

第四节　中学教师如何开展教育科研

科学的灵感，绝不是坐等可以等来的。如果说，科学上的发现有什么偶然的机遇的话，那么这种"偶然的机遇"只能给那些学有素养的人，给那些善于独立思考的人，给那些具有锲而不舍的精神的人，而不会给懒汉。

——华罗庚

教育科研是探索教育教学规律，促进教育发展，提高教育教学质量的第一推动力。在当今教育教学改革不断深入的形势下，一般的教学研究已不能适应时代发展的要求，只有运用科学的理论和方法，有意识、有目的、有计划地对教育领域中的现象和规律进行探索，才能解决教育教学工作的实际问题。

现在，虽然中小学教师教育研究方兴未艾，但是现有中小学教育科研基本上是参照大学或专业研究机构的做法，还没有形成自身独特的应有的运作方式。中小学教育研究有其不同于大学和专业研究机构教育研究的特点，中小学教师的教育研究方式也不同于专业教育理论工作者的研究方式。那么，中小学应该形成怎样的教育研究运作方式，中小学教师应该怎样开展教育科研呢？

现在，我就开展教育科研问题谈几点看法：

一、什么是教育科研，教育科研的目的

教育科研是一种运用科学的理论和方法，有意识、有目的、有计划地对教育领域中的现象、问题和规律进行探索、研究的认识活动。

教育科研目的就是要解决教育教学活动中的问题，探索教育发展的规律，进而为教育实践服务，为教育决策服务，为教育发展服务。

这些年，我国基础教育情况是：素质教育是风景线，应试教育是生命线；素质教育轰轰烈烈，应试教育扎扎实实。由于高考这个指挥棒在这，高考这根树根不动，使得我们中学老师搞课改就成了树梢瞎摇晃。

但是今天，我国的教育形式发生了根本性变化，全社会在逐步认识应试教育的诸多弊端，也在呼唤素质教育的春天，这也为我们高中教师投身课改创造了有利条件。

教育科研的内容广泛，如教育教学现象、教育教学过程、教育教学内容、教育教学方法以及相关的社会现象、心理现象、教育教学管理等，都是属于教育科研的范畴。

教育科研是一种探索和认识教育教学规律的实践活动，是提高教育教学质量，促进教育发展的主要推动力。

二、中小学教师应该成为研究者

面对信息技术给人们的学习方式、交往方式所带来的深刻变革，面对知识经济对创新能力的呼唤，面对基础教育课程的重大变革，今天的教师该怎样当？我们的答案是：必须做研究者。但是，不少教师认为我们有"课程标准"之类的东西，有专职的教育研究者提供的理论、原则和方法，教师的任务就是"执行"和"操作"，没有必要去研究。显然，这种认识不符合基础教育改革的大趋势，也是片面的、不正确的。那么，教师为什么应成为研究者呢？

1. 教师的专业实践仅依靠已有的专业理论知识不足以解决实际问题

教师的工作不再是一种职业而是一门专业，现在已需要专业合格考试，而专业活动有赖于完善的理论知识体系。同时，专业活动的高度复杂性，致使专业活动存在大量理论上的未知领域，而专业人员单凭已有的专业理论知识，难以解决实践情境中出现的形形色色的具体问题。因此，专业实践要求专业人员一方面要掌握运用已有的专业理论知识，另一方面要在已有的专业理论基础上进行创造性的探索，解决原有理论未解决的实际问题，不断地反思和改进自己的专业实践。专业实践把专业服务和专业研究融为一体，专业工作者不但是专业服务人员，而且是专业研究人员。教师作为教育专业人员，他们既是教育专业理论知识的拥有者和使用者，又是这种知识的发现者和创造者。

2. 教育理论运用于教学实践是一个再研究的过程

教育科学理论揭示了教育现象的一般本质与规律，因而可以指导教育实践，但由于教育科学理论并不能预测充满不确定性的每一个特殊的教育情境，因此从教育理论到教育实践并不是直接的，这要有一个中间环节，即创造性地运用教育理论的环节。这一特殊的环节也是一个研究的环节，是解决如何把理论运用于特殊教育情境的研究，如关于教学模式、教学策略以及先进教育经验、教改成果的推广研究等。这一研究环节就中小学而言，主要应由中小学教育实践者承担。

3. 在研究性变革中促进教师的专业发展

学校生活是教育理论创新的沃土，教育实践是教育思想的源泉。然而，并非所有的实践都能产生鲜活的教育思想，都能促使"个人实践知识"不断更新，只有研究性变革实践，才是鲜活的教育思想和正确的"个人实践知识"生成的不竭的源泉。研究性变革实践是教师专业发展的基本途径，这也是苏霍姆林斯基从一个农村中学的教师成长为世界一流教育家的经历给我们的启示。育人的过程与研究的过程是统一的，割裂了两者的联系，教育劳动就会缺乏创造性，教师职业就会丧失内在的尊严和幸福。每个人总是生活在这样的两重世界中：实然世界与应然世界、现实世界与理想世界、物质世界与精神世界。教师从事研究的过程便是超越实然、追求应然，超越现实、追求理想，超越物质、追求精神的过程，是获得事业发展、创造生命价值、体验人生幸福的过程。

古今中外，许多教育家都是在教育实践中产生的，都是普通的教师，长期从事教育教学活动。孔子约30岁开始办学校当教师，招收各阶级、阶层、各种年龄、阅历的学生。"三千弟子，七十贤士。"他整理保存了我国古代文化典籍，开创了私人办学的先河，积累了丰富的教学经验，发展为我国古代教育思想的奠基人。

近代我国教育家蔡元培、陶行知，当代的顾明远、刘佛年、魏书生等都是长期从事教育教学。因此，教师只要肯学习、肯钻研，善于总结实践经验，善于进行理性思考，就能做好科研工作。搞教育科研，是从已知探索未知的工作，是一项创新性的工作，需要经过长期艰苦的努力，才能逐步做好，取得成果。

三、中小学教师应该成为什么样的研究者

中小学教师的职业生涯中有三种主要的活动形式：教育教学活动、学习活动和研究活动。这三者是相辅相成的，因为要更好地育人，就需要创造性地解决教育教学中的实际问题，提高教育教学活动的合理性和有效性，就需要提高教师自身的专业化水平，因而也就需要学习和研究。

处于"教育教学—科研—学习"这一连续体中的中小学教育科研，具有不同于高校和研究机构的教育科研的旨趣和特点。中小学教育研究的主体，不是专业理论工作者，而是所有的教师和管理者；中小学教育研究的选题，不是来自于上级教育行政部门的布置和理论文献，而必须来自于学校改革的实践；中小学教育研究的目的任务，是沟通教育理论与实践的联系，是解决学校与教师面对的发展问题。而以研究的态度和方式去解决学校发展与教师教育实践中问题的过程，就是科研的过程。中小学的教育科

研当然也期望发现规律，获得教育科研的理论成果，但主要并不是为了建构系统的教育理论，而是更关注改进工作，获得教育质量提高的成果，更关注提升自我，获得教师和学校发展的成果。

教育研究具有不同的类型和层面，"发现"是研究，"应用"（应用理论去解决现实问题）也是研究。专家学者运用科学方法，描述和解释教育现象、探索未知、发现规律，是研究；教师作为教育过程的当事人，对自己的教育行为不断加以总结、反思与改进，以形成自己的教育思想，创造独特的教育艺术，更新个人的实践知识，同样是一种研究。而且，后者是不同于前者，不能为前者所替代的重要的研究。一个重在描述、解释教育现象，建构理论；一个直接指向实践，追求更为合理有效的教育教学行为。一个以旁观者的身份，对别人的教育教学活动加以解读；一个置身于教育情境之中，在教育行动中研究教育。一个强调运用科学方法，系统收集、分析并解释资料，以获得可由他人重复经验的结论；一个更多地建立在反思的理性的基础上，强调个人内在的对教育活动意义价值、运用方式的自我解读、批判与反思，以及同行之间的对话、交流，以不断突破原先的认识框架、僵化的思维方式等，获得自我的专业内涵的提升和教育实践的改善。两者的区别是明显的，不宜用专家学者旨在建构理论的研究方式来规范教师丰富多样的个别化研究之路，不能用专家学者的研究方式来排斥、否认教师的反思型研究及其成果的价值。

四、中小学教师研究什么

1. 要研究国家的教育政策

中国的教育是国家教育，所以研究教育首先要研究教育政策，而我们当前的教育政策就是：国家中长期教育改革和发展规划纲要（2010－2020年）。本纲要动用了10000多名专家学者，向社会征集了40多万条建议，历时1年完成。全面实施科教兴国战略和人才强国战略。

教育规划纲要提出了"优先发展、育人为本、改革创新、促进公平、提高质量"的20字工作方针。

第一，"优先发展"是党和国家提出并长期坚持的一项重大方针。各级党委和政府要把优先发展教育作为贯彻科学发展观的一项基本要求，切实保证经济社会发展规划优先安排教育发展、财政资金优先保障教育投入、公共资源优先满足教育和人力资源开发需要、充分调动全社会关心支持教育，并尽快形成科学规范的制度。

第二，"育人为本"是教育工作的根本要求。人力资源是我国经济社会发展的第一资源，教育是开发人力资源的主要途径。要以学生为主体，以教师为主导，充分发挥学生的主动性，把促进学生健康成长作为学校一切工作的出发点和落脚点。

第三，"改革创新"是教育发展的强大动力。教育要发展，根本靠改革。要以体制机制改革为重点，加快解决经济社会发展对高质量多样化人才需要与教育培养能力不足的矛盾、人民群众期盼良好教育与资源相对短缺的矛盾、增强教育活力与体制机制约束的矛盾。

第四，"促进公平"是国家基本教育政策。教育公平是社会公平的重要基础。教育公平的关键是机会公平，基本要求是保障公民依法享有受教育的权利，重点是促进义务教育均衡发展和扶持困难群体。根本措施是合理配置教育资源，向农村地区、边远贫困地区和民族地区倾斜，加快缩小教育差距。

第五，"提高质量"是教育改革发展的核心任务。要树立以提高质量为核心的教育发展观，注重教育内涵发展。建立以提高教育质量为导向的管理制度和工作机制，把教育资源配置和学校工作重点集中到强化教学环节、提高教育质量上来。制定教育质量国家标准，建立健全教育质量保障体系。

这五点无论哪一点都是我们重要的科研课题，我们只有从这五点入手，研究才能顺应历史的潮流，才能有所成就。

2. 要研究当前主流的教育思想

（1）教育民主

全民教育体现出的"教育民主新概念"的基本内涵是：让所有公民平等享受高质量的基础教育。"教育民主新概念"的具体要求是：积极消除教育差异，特别要积极接纳边缘群体（如街头流浪儿、童工、偏远地区人口或游牧人口、某些少数民族及其他处境不利者），让每一个人依法接受高质量的基础教育；消除性别差异，确保女童及妇女受教育的权利；为有特殊教育需要的儿童和青年（指残疾或学习困难的所有儿童和青年）提供平等的受教育机会；积极开展成人扫盲教育，贯彻"功能性扫盲"理念，确保成人的受教育权利，满足成人的基本学习需要。

20世纪末，在各国政府和联合国教科文组织、儿童基金会等国际性组织的共同努力下，世界教育民主化进入了一个崭新的历史阶段——全民教育阶段。

全民教育体现出的"教育民主新概念"的基本内涵是：让所有公民平等享受高质量的基础教育。一方面，"平等"内在地包含着"高质量"；另一方面，"高质量"内在地包含了"平等"，以平等（机会均等）为前提。如果只追求质量，不顾平等，甚至践踏平等，那就会重新陷入"精英主义"的窠臼。

（2）国际理解（国际视野）

"国际理解"教育的宗旨，是帮助人们不把外国人当作抽象的人，而把他们看作具体的人——他们有他们自己的理性，有他们自己的苦痛，也有他们自己的快乐。教育的使命就是帮助人们在各个不同的民族中找出共同的人性，提倡国与国之间互相宽容、增进友谊和进行合作。

"多元主义教育价值观"本质上是在教育领域实现国际性与民族性的内在统一。它对课程的具体要求是回归生活世界。

（3）回归生活世界

回归生活世界是课程变革的重要趋势。回归生活世界的课程，在目标上意味着要培养在生活世界中会生存的人，即会做事、会与他人共同生活的人。这种人既具有健全发展的自主性，善于自知，又具有健全发展的社会性，善于"发现他人"。

1996年，联合国教科文组织推出的最重要的教育报告。该报告确立了面向未来的终身教育的宗旨是"四种基本学习"（即"四个知识支柱"）："学会认知""学会做事""学会共同生活""学会生存"。传统教育过分倚重了"学会认知"，然而教育新概念应谋求"这四种'知识支柱'中的每一种应得到同等重视"，谋求这四者的整合。这四个支柱中，"学会做事""学会共同生活"和"学会生存"，集中体现了教育和课程回归生活世界的发展取向。"学会做事"，绝不只是熟练某些操作技能，学会某些重复不变的实践方法，而是要从"资格概念"转向"能力概念"。"学会共同生活"，是信息社会对教育的又一挑战。信息技术既方便了人与人的交往，但也有可能造成"地球村"里人的孤独和疏离。因此，教育应采取两种相互补充的方法，既要教学生逐步"发现他人"，懂得人类的多样性和差异性，又要帮助学生寻找人类的共同基础，"为实现共同目标而努力"。当人们"学会做事""学会共同生活"的时候，就能够在人类社会生活中"学会生存"。

（4）关爱自然

关爱自然、追求人与自然的"可持续发展"，是支配当前世界课程变革的重要价值观念。这种价值观一反传统课程体系中人与自然二元对立、人控制和主宰自然的思维方式，运用"整体主义"的视野认识人与自然的关系，认为人是自然的人，自然由于人而使自身的意义得以彰显和丰富，人不是自然的主宰者，而是自然的看护者，人与自然应和谐统一。

（5）个性发展

把一个人在体力、智力、情绪、伦理各方面的因素综合起来，使他成为一个完善的人，这就是对教育基本目的的一个广义的界说。在一个以社会和经济改革为主要动力的迅速变革的世界里，可能更重视想象力和创造性。它们是人的自由的最明显的表现。许多国家重视功利而不重视文化的教育，艺术和诗歌应该在学校里重新占有重要的地位。个性的多样性、自主性和首创精神，甚至是爱好挑战，这一切都是进行创造和革新的保证。

第一，个性是完整的，创造力、想象力等品质是个性健全发展的表现。个性是道德、体力、智力、审美意识、敏感性、精神价值等品质的综合，是一种"复合体"，即一个完整的人，不能把某一种或某几种品质从完整的人分离出来孤立地培养，否则就会造成人格分裂。许多国家重视功利而不重视文化的教育，艺术和诗歌应该在学校里重新占有重要的地位。

第二，个性是独立的、具体的、特殊的。尽管个性发展离不开与他人的交往，但每一个个性都首先具有内在的独立性。大多数的教育体系，无论在它的机制方面，还是在它的精神方面，都不把个人看作具有特性的人。然而，每一个学习者的确是一个非常具体的人，他有他自己的历史，有他自己的个性。当我们决定教育的最终目的、内容和方法时，我们又如何能够不考虑这一点呢?

第三，个性发展内在地包含了社会性的发展，每个人的发展必然带来整个社会的发展。把个性发展与社会性发展、每个人的发展与整个社会的发展孤立起来、对立起来或并列起来，都是二元论思维方式的产物，都不能正确理解个性发展的本质。

第四，个性发展是一个无止境的完善过程。人的生存是一个无止境的完善过程和学习过程。因此，终身学习不只是社会要求，也是个性发展的内在需要。

3. 要研究我们当前是什么时代?

(1) 后工业时代

明确提出和界定"后工业社会"概念的是丹尼尔·贝尔，他把人在历史划分为三个阶段：前工业社会、工业社会和后工业社会。

不同的社会是依据不同的中轴建立起来的。前工业社会以传统主义为轴心，意图是同自然界竞争。土地是资源，地主和军人拥有统治权，从时间上大约是蒸汽机出现之前。工业社会以经济增长为轴心，同经过加工的自然界竞争。机器是资源，企业主是社会的统治人物，从时间上大约是20世纪七八十年代电子信息技术广泛应用之后。而后工业社会以理论知识为中轴，意图是人与人之间知识的竞争，科技精英成为社会的统治人物。科技专家之所以拥有权力，全凭他们受的专业教育与掌握的技术专长。

(2) 学习化社会

关于"学习化社会"的提出：最早是在1965年，保罗·朗格朗在联合国教科文组织召开第三届促进成人教育国际委员会会议上，提交了"终身教育议案"，重新认识和界定教育，不再将教育等同于学校教育，而视教育为贯穿整个人生的、促进个体"学会学习"的全新概念。1972年，联合国教科文组织国际教育发展委员会主席埃德加·富尔在《学会生存——教育世界的今天和明天》中再次表明："未来的文盲不再是目不识丁的人，而是没有学会学习的人。"自此，"学会学习"成为国际社会公认的教育目标。这一变化有三个根本特征：第一是更加强调了学习的终身性；第二是提出了学习的全民化；第三是突出了学习主动性。由被动地接受教育，变成主动地学习。

（3）互联网时代

①互联网改变了我们的学习方式。相比传统的课堂学习，互联网因为它的便捷性、灵活性和成本效益的性质，获得了巨大的知名度。有几种方法来证明网上学习比课堂学习更好。

第一，学习者可以选择方便的时间来学习，完成作业和考试。

第二，不同于传统的教室。网上学习，可以让学生了解自己的步伐。在网上学习，学生可以下载和存储笔记和学习材料，可以在以后重放的音频或视频剪辑的部分再次学习一个特定的教材。

第三，教师可以并重一个小的学生团体。但是，给予个人的关注的确是一项艰巨的任务。在这种情况下，基于互联网的学习派上用场，因为它很容易让老师给学生更多的精力和时间，通过与他们分享他（她）的电脑屏幕上的内容，从学习者在实时接收有价值的输入。

第四，学生可以测试自己每天通过网上测验和作业，教师可以上传的评估测试。然后，教师可以判断每个学生的测试结果。

第五，网上学习，使得能有更多的互动和与老师讨论。在互联网上学习更多的个人和通过不断的学习材料，新的创意和想法，每天 24 小时的交流互动。

第六，学习者可以更快地获取数据和事实。

②互联网改变教学方式。过去，人们通过阅读书籍获取知识。而今，学生可以自由进入网站，老师不再是权威。用网络可以帮助学生专注于学习，获取有用的信息。

③互联网改变生活工作交流方式。在过去十年间，互联网的迅猛发展从根本上改变了人们生活、工作及交流的方式。亚马逊、易趣和淘宝等电子商务巨头实现了网上购物，让人感觉自己进入了一个虚拟商场，只是这里不使用现金。电子邮件它打破了人际间的壁垒，使人们可以随时随地联系彼此。不过，网络不严谨、非正式的交流特征也对社会规范产生了不良影响，几乎创造了一种许多人至今人困惑的全新"语言"。电子邮件、短信、博客、微博等已经取代了"过时的交流模式"。

（4）消费社会时代

从工业社会到消费社会的转型逻辑，在中国学术界有关消费主义的论述中，批判主义（或道德批判主义）是一种占据主流地位的立场。从这种立场出发，消费主义常常被界定为一种病态、异化或离轨现象。与此相联系，众多学者呼吁要采取各种措施来"抵制"消费主义的"危害"。

（5）当今时代是高度风险型的社会

"风险"意思是遇上危险或"触礁"。随着现代社会的演进，社会风险有了更多的含义。现代一般意义上的社会风险意指在一定条件下某种自然现象、社会现象是否发生，及对人类社会财富和生命安全是否造成损失和损失程度的客观不确定性。

（6）当前社会是个文化反哺社会

自人类进入文明社会以来，不论社会发生怎样的变化，就文化传承的方向而言，总是由上一代人向下一代人传承。所以，社会学家都认可这么一个观点：社会教化过程中的"父为子纲"，称得上是一切文明社会文化传承的基本法则。但在我们这个社会变迁异常迅猛的时代，上述法则及其天经地义的合理性自近代以来开始面临挑战。面对社会的急剧变迁，亲子两代的适应能力不同，对新事物的理解和吸收快慢不同，在亲代丧失教化的绝对权力的同时，子代却获得了前所未有的"反哺能力"。这种"反向社会化"现象的出现说明了在急速的社会变迁背景下，不仅文化传承的内容有了极大的变化，而且亘古不变的文化传承的方向和形式也有了变化。

五、要研究当前主流的教育理念

陶行知的教育理念是："千教万教教人求真，千学万学学做真人。"现代教育理论认为，教育的目标培养愿意学习、学会学习、学会成长的人。如何在培养学生兴趣方面有突破是关键。学会学习的内涵主要包括如下几点：

1. 学会求知

注重经典著作的学习，注重兴趣、动机的培养，注重科学教育与人文教育的结合，把读图时代、阅读时代转变成泛阅读，让学生具有哲学思想人文精神。

2. 学会做事

老师不仅要培养学生的智力技能，更重要的是培养学生社会行为技能，老师不仅要培养学生某一反面的生存技能，更重要的是培养学生良好的心态、风险意识、创新技能，培养学生在市场中适应职业变动的应变能力，工作中的求新能力，创造新的就业机会的能力。现代社会考生考上什么根本不重要，关键是你能做什么。对学生进行公民教育、职业教育、职业兴趣、职业技能、职业选择教育。

3. 学会共同生活

主要包括人与自然、人与他人及社会、人与自己。

4. 学会发展

没有形成正确的现代价值观，又没有把优秀的传统价值继承下来，导致很多青少年处于一种精神匮乏的"悬空状态"，他们迫切需要孝心、爱心和感恩心的教育，学会平等、尊重和承担责任。

六、研究教师自己

现实社会中的教师，作为一种职业，远未达到最光辉的境界；作为一种要求，教师不能仅仅满足于"传道、授业、解惑"；作为一个实实在在的人，教师不应仅是"蜡烛""春蚕"；作为一项工作，教师更不能只是园丁或工程师。其实，所有这些描述性的美好的赞语，在一些根本问题上都是无济于事的。现实问题的要害，是要在全社会扭转对教师职业、教师劳动的不正确看法。教学不只是一种工作，教师不只是一种职业。教师的教学具有较强的专业性，教师的角色具有较强的特殊性。这种认识已经为教育界内外所接受。

七、研究泛在教育

"科教兴国"是我国的重大战略决策，其成功实施有赖于教育的信息化、移动化和网络化。泛在教育是依托目前比较成熟的移动通信网络、移动互联网和多媒体技术而推出的让学习者通过使用计算机以及移动设备（如手机、Tablet PC、专用阅读终端等）来更为方便灵活地实现交互式教学活动的一种教育方式，提供无所不在、随时随地的学习方式。泛在教育应用是泛在网技术与应用的重要组成部分，可以满足人们课堂学习、碎片式学习、个性化学习等学习需求和远程教育、网络教育、互动式教育等教育需求，是实现终身教育、公平教育以及优质教育资源最大化应用的重要途径。

八、研究教学方法

当前关于教学模式可谓百家争鸣：传递—接受式、自学—辅导式、引导—发现式、情境—陶冶式、示范—模仿式、目标—导控式、概念获得。什么小组合作学习模式、研究性学习模式、反思教学模式、大片式教学模式、碎片式教学模式、行动式教学模式、案例式教学模式、观摩式教学模式等等。到底哪一种方法适合哪一种课型、适合哪一类学生，需要我们一一实践研究，不能生搬硬套。

应该承认，我在教学入门时期，不愿讲方法，认为是那些专家在无病呻吟，教学 A，B，C 是"天桥的把式——好近看不中用"。但后来我的导师们在指导我科研的时候，给我的第一个作业就是总结现有物理教学方法。他们告诫我：要形成自己的教学特色、教学风格和教学方法，首先就要掌握传统的经典的教学方法。

为什么有些教师的课让学生"听不够"，而有些教师的课却让学生"兴味索然"；为什么有些教师用几句话就能将概念讲得生动明白，而有些教师长篇大论后学生仍然感到"如坠云雾之中"？这体现了教师教学能力的不同。掌握良好的教学方法及专项教学技能，是优秀教师的核心素质。

九、教师怎样搞教育科研

1. 搞教育科研的要求

首先，要认真学习当代教育科学的新理论、新方法和新成果，不断从新的角度，新的层面进行观察和思考。这样，才能有新发现和新创造，才能从丰富多彩的教育教学实践中探索、揭示出新的规律。

其次，要紧密联系实际，善于从日常工作中发现问题，及时总结经验教训，不断增加教育教学工作中的科研含量。

最后，不同层次的教师要有不同层次的要求。

（1）青年教师每参加一次教育教学活动，都要把自己最深刻的印象记录下来，并不断反思，反复实践。然后，利用科学的理论和方法加以总结，从而加工整理成值得进一步研究的课题。

（2）有教育教学经验的教师，可以依据新教育教学理论，有目的、有计划、有意识地选择一些教育教学实践中急需解决的问题进行研究，也可以学习借鉴一些成功的教育教学模式和方法进行实验，并进一步研究探索出符合自己工作实际的教育教学规律，还可以把自己长期积累起来的经验分类、整理、补充、完善，通过实践、认识，再实践、再认识的过程进行升华，从而探索出具有特色的新理论、新方法或新模式。

2. 教师搞教育科研需要解决两个方面的问题

（1）一是思想问题

①轻视思想。认为教育科研是可有可无的事情，搞与不搞一个样。

②无关思想。认为教育科研事不关己，只管埋头教我的书错不了。

③顾虑思想。担心搞教育科研影响教学成绩和升学率。

④畏难思想。认为教育科研很神秘，高不可攀，非专家不能搞。

⑤急功近利思想。认为搞教育科研是一蹴而就的事情，评职称时再搞也不晚。

⑥不思进取思想。安于现状，因循守旧，别人说我无长进，我觉得还行。

（2）二是教育科研与教学研究二者的关系

教育科研与教学研究虽然有相同点，但也有不同点。

①相同点

二者研究的对象相同，都是教育现象；二者研究的目的相同，都是为了探索教育教学规律和提高教学质量。二者可以采用近似的研究手段和研究方法。

②不同点

从研究的范围看：教育科研的范围大，包括一切教育现象，教育过程以及与教育有关的社会现象和心理现象。教学研究的范围较小，主要研究教材、教法以及教学管理工作中的局部问题。教学研究是教育科研中的一部分。

从研究的要求看：教育科研要有严格的科学性、客观性和最大限度的可靠性、准确性，教学研究受主客观条件的限制，通常以个别的、局部的经验为基础，解决眼前一时的问题，不能深刻、准确地揭示教育现象的内在规律。

从研究的过程看：教育科研是有目的、有计划且系统性很强的研究活动。教学研究缺乏系统性和严密性，大多是分散的、零星的活动。

从研究的成果看：教育科研的成果具有规律性和创造性，教学研究的成果通常具有地方性、单位性或教师的个别特征，其普遍意义和推广价值受到一定的局限。

3. 搞教育科研的程序

教育科研是一项有序的系统工程，一个完整的教育科研过程可划分为三个阶段、十个步骤。第一阶段是前期准备阶段，包括选题、检索资料、申请立项、制定研究方案四个步骤；第二阶段是中期研究探索阶段，包括开题、资料的收集与整理、分析研究三个步骤；第三阶段是后期成果处理阶段，包括成果的表述、成果鉴定与验收、成果评奖与推广三个步骤。

（1）教育科研课题的选择

①什么是课题

所谓课题，实际上是研究的项目。课题的名称是对研究项目的表述，它不仅能显示研究的对象和内容，同时还可以体现研究的目的和意义。例如"中学生学习方法问题的研究"这个课题，研究的对象是"中学生"，研究的内容是"学习方法"，研究的意义是探索中学生学习方法的规律和提高中学生学习效率。

②怎样选定课题

在教育科研过程中，选定好的课题就是成功的一半。作为课题研究的第一步，正确的选题十分重要，它不仅决定了研究者目前与今后的探索的方向、目标和内容，还规定了研究必须采用的方法和途径，是教育科研的关键。

A. 课题的来源，一是来源于教育教学实践；二是来自教育理论文献资料；三是来自教育科研部门下发的课题指南。尽管课题来源十分丰富，但要真正发现和选定一个好的课题，也并非易事，还需要具有较高的知识水平、敏锐的洞察能力和分析能力。

B. 课题选择的一般方法

　　a. 题筛选（需要什么研究什么）

　　通过对教育教学过程的实际问题的归类整理，再分析重要性程度和研究问题意义的大小，确定研究的价值，并广泛听取意见，从中选取价值明显、适合自己研究水平和能力的问题作为课题。

　　b. 验提炼（做什么研究什么）

　　把平常教育教学过程中，实践探索出的经验上升到理论的高度，其中必然回答一系列问题，就可以提炼出许多课题。

　　c. 料质疑（怀疑什么研究什么）

　　古人云："尽信书，不如无书。"通过对有关资料的分析，比较不同的观点，诘问前人的结论，揭露理论与实践的差异等，从中产生研究的课题。

　　C. 课题选择的原则

　　课题的选择应做到现实性、时代性、科学性、未来性的统一。

　　a. 时代性原则

　　课题要选取当前教育改革和发展中具有普遍指导意义的重大课题，从教育教学实际出发，以应用性研究为主。课题宜实不宜虚，宜近不宜远，宜新不宜旧，避免空洞抽象，不易操作，避免"吃别人嚼过的馍，重复他人"。

　　b. 科学性原则

　　课题的科学性是指选题有事实依据和理论依据，必须符合科学原理和教育规律，有科学价值。教师的课题宜小不宜大，以便于操作。而校长的课题要相对宏观些，研究学校的大政方针、办学的特色，以课题研究带动全校的教育教学工作。

　　c. 创造性原则（未来性）

　　教育科研主要是对未来的探索，研究课题宜新不宜旧。通过对现状的分析，展望教育的发展趋势，力争有所发现、有所创新，发展教育科研事业。

　　D. 选题应注意的问题

　　a. 课题的大小要适度，开始宜小一点，逐步再扩大。

　　b. 研究的问题要明确，要清楚解决什么问题。

c. 选题要扬长避短，紧密结合本职工作。

d. 经验之谈，层次像一般论文的题目。比如《教给学生学习方法》《自主学习，交流探索》《培养自信，转化差生》等题目，还有"试论……""如何……""浅谈……""初探……""尝试……"等均不符合研究课题名称的要求。

总之，无论用什么方法来发现或选定课题，都要体现四个字：小（题目要小）、实（联系实际）、深（有一定的深度）、新（有新意和创新）。

4. 深入学习，掌握相关资料

教育科研是一种在探索中获取新认识的过程，它的基础是学习，掌握相关资料，学习伴随科研全过程。研究课题确定后，要进行大量的文献资料检索，以便全面了解与本课题有关的情况，如研究内容的历史沿革，发展现状和前景等，进一步明确研究课题的性质、任务，以及预期达到的目的。同时，还可以界定一下本课题与相关学科门类的关系，对课题进行初步论证。

（1）深入学习的重要性

①学习可以帮助研究者确定研究内容和方向。不提倡教师进行理论研究，但研究应用性问题离不开理论。离开前人或外地经验也会导致研究误入歧途或事倍功半。

②学习可以为制订课题计划提供理论依据。提出问题要有依据，解决问题也得有依据。这些依据除了通过教育实验、调查和观察等方式获得外，主要是从已有的文献资料中获得。通过查阅资料，可以使研究范围内的概念、理论具体化，而且为更科学地论证自己的观点提供了有说服力、丰富的事实和数据资料，使研究结论建立在可靠的材料基础上。

③学习可以和先进地区、先进教师站在同一起跑线上。信息时代和学习型社会给教育带来很多新理念、新方法、新技术。人人都需要重新学习、重新认识，抓住这个机遇，就可能后来居上，并有所创新、有所超越。

（2）学习和积累资料的方法

学习和搜集资料是按照研究任务和研究对象的性质及特点，通过不同的方法和手段，搜集反映有关问题和情况的材料。这是一项涉及面广的工作，必须有目的、有重点地进行。检索资料方法主要是追踪检索法、时序检索法和综合检索法等方法。

检索资料应注意两个问题：要去伪存真、去旧存新，以保证资料的真实性和新颖性。要去粗取精，以保证资料的可利用性和有效性。

5. 理论设想，制定课题研究方案

选定了课题，并做了大量深入细致的调查研究之后，就要对所得到的材料和某些未知的事实进行了一些推测性的解释或猜想，这种解释或猜想就称为假说，假说是研究工作者重要的思维方法。也是研究工作中十分重要的智力手段。通过猜测或设想，加以科学分析和综合，就逐步形成一个完整的方案。实施方案是课题研究工作实施的具体计划，也是对课题研究过程的全面规划和设计。它能为课题的研究提供全面、系统的工作程序。中小学教育科研的课题众多，所用的具体研究方法也有所不同，但是课题计划的基本结构大体是一致的。实施方案一般包括以下内容：

（1）题目（即研究项目的名称）

课题的名称必须简洁、具体，明确表述所要研究的问题，力求能体现研究内容、研究对象和研究的方法。

例如："初一代数自学辅导教学的实验研究"研究的内容是初一代数教学的自学辅导程序与方法，研究对象是初一学生，研究方法是实验法。

（2）阐述课题研究的目的、意义和背景

主要揭示课题的价值、研究方向和研究重点，揭示成果目标。

首先，要阐述课题研究的背景，说清研究的动因、根据是什么，受到什么启发而搞这项研究，因为任何课题都不是凭空而来的，都有一定的背景和思路。

其次，要明确课题研究的目的和意义。即研究此课题的原因和价值，通过研究要解决的问题。

最后，要介绍本课题的研究历史和现状，以及课题研究的特色或突破点。

（3）课题研究的范围和内容

①课题研究的范围：任何教育科研课题，都应该有一定的研究范围，包括对研究对象的界定和关键概念的界定。

对研究对象的界定。其一，对研究对象的总体范围进行界定。如果研究对象的总体不同，那么同一课题所得结论就很可能不同。其二，对研究对象的模糊概念进行界定。有不少课题中研究对象的概念模糊，外延不确定。如"厌学学生""品德不良学生""青年教师"等。这些都没有一个统一和明确的定义，必须在方案中界定，以确定研究对象的总体范围，正确选取研究对象的样本。

对关键概念的界定，可使课题研究思路清晰，可操作性强，便于显示研究目标。对关键概念的界定，也称"给变量下抽象定义"。例如："化学教学中课堂实验对培养学生思维能力的作用研究"这个课题，就得给"思维能力"下一个明确定义。同时，还要对"课堂实验"做出一个界定，确定是教师的演示实验，还是学生动手实验。

②题研究的内容

课题研究的内容要具体、明确，可操作性强。只有这样，才能使课题研究有的放矢，才能使研究出的结论准确，有效果。

当研究范围限定以后，就要考虑具体的研究内容，这是课题计划的重点之一。例如，"加强学法指导，提高教学效率"这一课题，不能简单概括地说："开设学法指导课，平时要加强对学生的学习方法指导，从而使学生学会学习，与教师密切使用，进一步提高教学效率。"而是要将学法课的内容，每周的次数以及平时对学生学习方法指导的具体措施和课堂教学方法的改革——地阐述清楚。容易出现的问题是只有课题，无具体研究内容，研究内容与课题不吻合，课题很大而研究内容却很少。抓不住课题研究的具体内容，就会导致科研的失败。

（4）研究的方法

中小学教育科研的每一项课题都要有相对应的教育科研方法，现实中往往以一种方法为主，多种方法并用。

"研究方法"也是课题计划的一个重点，除了要叙述清楚使用什么方法进行研究之外，还要尽可能写得细致一些。现在我们在使用研究方法上存在很多问题：

①使用方法单一，大多数使用的仅是经验总结法和行动研究法。

②对调查法重视不够。

③在实验法的使用上有滥用的情况，不了解实验法的科学涵义和特殊要求，随便在研究中冠以"实验"二字，硬性划分实验班、对比班，刻意追求"实验效果"。这样不利于推广先进教育经验，不利于发挥教师群体智慧，不利于教师团结。

④定性分析多，定量分析少，对统计方法、测量方法利用的不够，主观意向评价过多。

（5）研究程序

设计研究程序，就是设计研究实施步骤、时间安排，这也是课题计划的一个重点。一般要按研究的步骤划定各阶段的起止目标，制定时间进度表。这样研究者可以严格按步骤和时间要求进行研究，自己督促自己，自我检查计划的完成情况，从而保证课题研究按时保质完成。课题研究的管理者，也可依据此研究程序对课题研究进行检查、督促和管理。

（6）成果形式

研究报告和论文是教育科研成果最主要的两种表现形式。在研究计划中设计出成果形式，从研究者角度来说，可以明确将来用什么表现研究成果，从开始就可以着手向这方面努力，积累材料，构思框架，进行分工，以利于研究成果的顺利问世。从课题研究的管理者角度来说，可以据此进行检查验收。

（7）研究组成员

在研究计划中，将课题组负责人、成员名单及分工情况写出，目的是为了增强课题研究组成员的责任感，以利于计划的落实。课题组负责人应是课题研究的实际主持者和主要研究人，课题组成员要和实际教学密切结合，充分发挥教师群体的智慧和力量。

总之，制订课题计划很重要，要认真细致、明确具体，具有科学性和可操作性，除总的课题计划外，研究者应结合教材和学生实际制定每学期的课题实施方案，按课题要求设计出本学期什么时间做什么，怎么去做，把总的课题计划分解落到实处。

为保证课题及课题计划的科学性、实效性，还要进行课题论证，这也能增加课题研究的透明度，便于形成教育科研的竞争机制。

6. 组织实施，搜集分析，整理资料

中小学教育科研的实施，是中小学教育科研的主体阶段。在按课题计划和每学期实施方案实践过程中，要突出两点工作：

（1）不断验证理论假设和充实调整课题计划

教育科研的过程就是不断有目的、有计划验证理论假设的过程。也许会发现原定计划某些地方不符合当前的实际情况，这就需要对原定计划进行某些调整和修改，补充必要的内容，或删除某些部分，把计划性和灵活性有机地结合起来。但必须说明修改理由，并保留原件作为附件，这是科研的基本特点所要求的。

（2）搜集、整理、分析教育科研资料

①教育科研资料在教育科研研究中起着非常重要的作用

它能使研究者了解有关研究领域的已有成果、发展历史、当前研究动态，可以帮助选择和确定研究课题，还可为论证课题提供理论依据和事实依据，能启发研究者的思维、激发灵感。总之，从教育科研的起始到终结都离不开教育科学资料，在某种意义上说，科学研究就是对科研资料的搜集、使用和再创造的过程。

科研资料可分外部资料和内部资料，外部资料要通过学习书籍、报纸、期刊、学术会议、文献等方式获得，由此也可以看出教育科研的全过程必须伴随学习的全过程。内部资料是反映自身在实际研究过程中在观察、调查、测量中获得的事实资料。这是研究的最宝贵资料，也称为"第一手材料"。

②教育科研资料的整理是做出科学结论的前提，而资料整理的核心工作就是资料分类。要根据课题研究目的进行分类，要选择能反映研究事物本质的资料分类。我们的课题研究必须建立在事实资料基础上，保留有价值的调查表、会议记录和重要数据，也不要搞烦琐主义，增加教师和学生的负担。资料分类时，还要注意把反映人们主观意见、感受的资料和反映客观事实的资料分开，把反映特殊情况的资料和具有总体特征的资料区分开。

③教育科研定性和定量分析研究

教育研究的任务是从表面上杂乱无章的现象中，通过偶然的、零乱的现象去看清事物的面貌，发掘和研究被掩盖了的规律，认识和掌握事物的本质。为了完成这一任务，就需要对经过整理的事实资料进行分析研究。

当前教育科研的一个重要特点，就是强调定性研究和定量研究的结合，数量资料和非数量资料的结合。为此，在研究资料的分析中，注重采用统计分析和逻辑分析两种方法。统计分析是把大量的、散乱的数量资料，依据统计的理论和思维方式，对它们进行描述和推断，将研究对象的本质、特征揭示出来。逻辑分析是运用抽象和概况、归纳和演绎等方法，对丰富的现象资料进行思维加工，从而能去粗取精、去伪存真、由此及彼、由表及里，达到认识事物本质、揭示规律的目的。例如，某一所学校教学质量高，我们对它进行研究时，需要总结出它的教学经验和教学方法，然后一一进行分析，并与其他学校相对比，从中看出有很多相同做法，表明这些做法不是造成该校教学质量突出的主要因素，应是排除的特点。而那些与其他学校显著不同的做法，可以认为是该校提高教学质量的主要因素。但是这还是停留在表面现象的认识上，需经过进一步分析，例如从管理思想、教育思想、学生的态度等方面，透过现象，揭示其本质。